Evelyn Waugh

On ne présente plus Evelyn Waugh (1903-1966), cet écrivain catholique pas comme les autres qui n'a cessé tout au long d'une œuvre considérable – d'ailleurs considérée comme telle par ses contemporains, par la critique et les historiens de la littérature du XXe siècle – de mettre en scène avec verve, humour et souvent un cynisme naturel éloigné en apparence des voies du Seigneur, les impostures multiples de notre civilisation judéo-chrétienne. De *Grandeur et Décadence* – qui lui vaut une notoriété immédiate et teintée de scandale par sa dénonciation des milieux huppés de l'*establishment* britannique – à *Scoop,* satire du journalisme, de ces *Corps vils* à *Une poignée de cendres* où il poursuit une œuvre de moraliste teinté d'orthodoxie, du *Cher disparu* où il se moque avec une noire jubilation des rites funéraires jusqu'à son chef-d'œuvre, ce *Retour à Brideshead*, c'est donc à une véritable leçon d'éducation pas du tout politiquement – et moins encore socialement – correcte que le lecteur se trouve convié.

grandeur
et décadence

evelyn
waugh

grandeur et décadence

traduit de l'anglais
par henri evans

pavillons poche
robert laffont

Titre original : DECLINE AND FALL

ISBN : 2-221-10768-3

Pour Harold Acton,
en hommage affectueux

Note du traducteur

Le roman dont on va lire la traduction est fortement marqué par la culture de l'aristocratie et de la haute bourgeoisie anglaises, particulièrement dans son folklore scolaire et universitaire. Quand aucun équivalent satisfaisant n'existait en français pour les faits de ce genre, il a paru préférable de conserver dans la traduction le vocabulaire d'origine, comme on avait fait au siècle dernier pour les isbas, les verstes et les samovars. Les principaux de ces vocables sont les suivants (entrées du New Oxford Dictionary) :

Public school. *École qui est publique en des sens divers selon le lieu et l'époque. À l'origine, une* grammar school *fondée et dotée pour l'usage ou le bénéfice du public dans son ensemble ou d'une localité, et soumise à une administration ou à un contrôle publics ; dans ce sens, souvent opposée à une* private school, *qui fonctionne au risque et pour le profit de son maître ou propriétaire. Selon l'usage récent (depuis le* XIX*e siècle), le terme s'applique spécialement à celles des* grammar schools *anciennes qui sont devenues peu à peu de grands pensionnats recrutant leurs élèves dans les classes* *aisées de tout le pays ou de l'Empire et les préparant, dans les classes supérieures, pour l'entrée dans les universités anciennes et la fonction publique ; ainsi qu'à certaines grandes écoles modernes à vocation semblable. Étant donné que dans ces grandes écoles l'ordre est maintenu et la discipline administrée en grande partie par les élèves les plus âgés* (les prefects), *l'usage en est venu à reconnaître ce trait comme la notion principale contenue dans certaines expressions comme* a public school education, the English public school system, *etc.*

Le terme de public school *fut officiellement employé en 1860 dans la nomination d'une Commission Royale d'enquête, et en 1867 dans un* Acte *du Parlement « pour l'amélioration de l'administration et l'extension de certaines* public schools ». *Comme cet* Acte *(loi) s'appliquait aux* grammar schools *de fondation très ancienne d'Eton, Winchester, Westminster, Harrow, Rugby, Charterhouse et Shrewsbury, ces dernières ont parfois été appelées depuis « les sept* public schools » ; *mais ce nom est généralement étendu à une vingtaine d'autres grandes écoles, anciennes et modernes, similairement organisées et qui ne se distinguent pas nettement d'autres fondations d'un caractère plus local.*

House. *Pension rattachée à une* public school *et faisant corps avec elle ; la compagnie des élèves logés dans une telle maison.* Pall Mall Gazette, *6 octobre 1891 : « L'unité fondamentale dans la plupart des grandes* public schools *est la* house, *et c'est le* housemaster *qui exerce l'influence la plus profonde sur les élèves.* »

Ajoutons que l'un des traits de la vie de ces écoles est la Debating Society, *où les élèves, en débattant des questions d'ordre général ou des problèmes d'actualité, apprennent à s'exprimer en public tout en observant les règles d'ordre d'une assemblée.*

Au niveau universitaire, un même clivage que celui qui sépare les public schools *de ce que, dans une perspective française, on pourrait appeler l'*Éducation nationale, *existait dans les années 1920 (et existe encore dans une certaine mesure) entre les universités anciennes d'Oxford et de Cambridge et les universités dites* civiques *fondées après la révolution industrielle. Les collèges d'Oxford sont une sorte d'amplification des* houses *des* public schools. *Les cours magistraux sont dispensés par l'université, mais le travail personnel se fait dans les collèges sous la direction et souvent dans l'intimité des* Fellows *et autres membres du corps enseignant attachés à un collège et autrefois pratiquement tous résidents. Les étudiants ont une chambre ou un appartement dans le collège (quelques-uns doivent maintenant loger en ville) et prennent leurs repas avec les professeurs, les uns à la table haute et les autres à la table basse, avec invitations réciproques. La préparation des diplômes se double d'une participation à toutes sortes de clubs et sociétés et de la pratique des sports (surtout d'équipe). La* Senior Common Room *d'un collège est* *une salle des professeurs, mais vaste et très confortable, où l'on s'attarde volontiers avec collègues et visiteurs pour le thé ou autour d'un verre.* La Junior Common Room *est la salle commune des étudiants, également faite pour attirer et retenir les intéressés.*

Ces institutions typiquement britanniques, rendues vulnérables sans doute par un usage excessif de la liberté et de l'inégalité, ont su cependant réaliser une synthèse souvent heureuse entre les besoins collectifs et individuels et s'adapter à la démocratisation de la société et de l'enseignement dans notre siècle. Seul un anti-héros créé par un écrivain aussi profondément subversif qu'Evelyn Waugh pouvait se laisser renvoyer d'Oxford aussi sommairement que Paul Pennyfeather, encore que l'hyperbole renferme ici un solide grain de vérité historique.

Prologue

Mr. Postlethwaite, l'économe, avait trouvé refuge chez le second doyen, Mr. Sniggs, dont l'appartement donnait sur la cour intérieure de Scone College. De chez Sir Alastair Digby-Vane-Trumpington, deux escaliers plus loin, leur parvenait un tapage confus de vociférations et de bris de verre. De toutes les autorités du collège, ils étaient les seuls à être restés céans ce soir-là, où avait lieu le dîner annuel du Bollinger Club. Tous les autres avaient jugé prudent de s'égailler, les uns dans les quartiers résidentiels d'Oxford où s'organisaient de joyeuses petites contre-manifestations, d'autres dans les séances des sociétés savantes et le reste dans les *Senior Common Rooms* des autres collèges. C'est que le dîner annuel du Bollinger était un mauvais moment à passer pour tous les détenteurs d'une parcelle d'autorité.

Il est d'ailleurs exagéré de qualifier ce dîner d'annuel, puisqu'il entraîne fréquemment la suspension prolongée du Club. Le Bollinger sue la tradition par tous les pores. Il a compté parmi ses membres des monarques régnants. Il y a trois ans, un renard amené dans une cage fut lâché sur la table et lapidé à coups de bouteilles de champagne ; cette soirée mémorable avait été la dernière avant les présentes agapes, qui avaient attiré le ban et l'arrière-ban des membres anciens élèves. Depuis deux jours, ils affluaient de toutes parts : personnages royaux devenus plus ou moins enragés en exil, pairs farouches échappés des ruines de leurs châteaux, garçons satinés aux goûts incertains venus des légations et des ambassades, primitifs lairds écossais déterrés de leurs cavernes des Highlands, jeunes loups du barreau ou de la politique arrachés pour une nuit à la saison londonienne et aux blandices crapuleuses des débutantes. Tout ce qui portait nom ou titre sonore était là pour la bombe.

— Les amendes ! dit Mr. Sniggs en se caressant le nez avec sa pipe. Songez à ce qui va pleuvoir demain !

Il faut dire que les caves du collège contiennent un porto inestimable qu'on ne sort que lorsque le total des amendes atteint cinquante livres.

— Nous en aurons pour au moins une semaine, dit Mr. Postlethwaite. Une semaine de porto du Fondateur !

Le tumulte venu de l'appartement de Sir Alastair atteignait maintenant un paroxysme aigu. Ceux qui l'ont entendu s'en souviennent encore avec terreur. C'était la voix de la *gentry* anglaise sonnant l'hallali. Bientôt ils allaient tous dégringoler dans la cour, cramoisis, hurlant, suant dans leurs habits vert bouteille, pour procéder à la curée.

— Vous ne pensez pas qu'il serait prudent de fermer la lumière ? dit Mr. Sniggs.

Dans l'obscurité, les deux universitaires se glissèrent jusqu'à la fenêtre. En bas, la cour était un kaléidoscope de visages faiblement éclairés.

— Ils sont cinquante au moins ! dit Mr. Postlethwaite. Si seulement ils étaient tous encore au collège ! Cinquante à dix livres chacun ! Seigneur !

— Ce sera plus s'ils s'attaquent à la chapelle, dit Mr. Sniggs. Mon Dieu, faites qu'ils attaquent la chapelle !

— Je me demande qui sont leurs bêtes noires cette année. J'espère que les malheureux ont eu la sagesse de s'esquiver.

— Il y aura sûrement Partridge, qui possède un tableau de Matisse ou de quelque autre peintre du même genre.

— Et je me suis laissé dire qu'il avait des draps noirs à son lit.

— Il y a aussi Sanders qui a dîné une fois avec Ramsay MacDonald.

— Et Rending qui a les moyens de chasser à courre et a choisi plutôt de faire collection de porcelaines.

— Et qui fume des cigares dans le jardin après le *breakfast*.

— Austen a un piano à queue.

— Quelle aubaine !

— Demain la note sera lourde. Mais j'avoue que je me sentirais plus à l'aise si le doyen ou le recteur étaient là. Ils ne peuvent pas nous voir, j'espère ?

Ce fut une belle fin de soirée. Ils mirent en pièces le Steinway de Mr. Austen, écrasèrent les cigares de lord Rending sur son tapis de Perse, pulvérisèrent sa porcelaine, firent de la charpie des draps de Mr. Partridge et coulèrent son Matisse dans son pot à eau. Chez Mr. Sanders, il n'y avait rien à casser, mais ils y trouvèrent le manuscrit d'un poème qu'il écrivait pour le prix Newdigate et en firent des gorges chaudes. Sir Alastair Digby-Vane-Trumpington, malade de jouissance, dut être soutenu jusqu'à son lit par Lumsden de Strathdrummond. Il était onze heures et demie et la soirée tirait à sa fin. Mais le clou était encore à venir.

Paul Pennyfeather se destinait à l'Église. En troisième année au collège, son séjour à Oxford avait été jusque-là sans histoires. Il venait d'une petite *public school* retirée et confite dans son odeur de sainteté ; il y avait été bon élève, rédacteur en chef de la revue, président de la *Debating Society*, et y avait exercé, selon son dossier, « une saine influence » dans la *House* dont il était le *prefect*. Il passait ses vacances à Londres chez son tuteur, avoué prospère qui tirait une certaine fierté des succès de son pupille tout en bâillant d'ennui en sa présence. Paul avait perdu ses père et mère, morts aux Indes l'année même où il enlevait le prix de dissertation à l'école préparatoire au *public school.* Pendant deux ans, il avait vécu de la pension servie par son tuteur et de deux bourses qui venaient à point. Il fumait trois onces par semaine de tabac modérément fort et buvait une pinte et demie d'ale par jour, la demie au déjeuner et la pinte au dîner, invariablement pris au réfectoire car il ne sortait jamais en ville. Il avait quatre amis, dont trois avaient été ses condisciples à l'école. Aucun membre du Bollinger Club n'avait jamais entendu parler de lui, et, chose plus curieuse, il n'avait jamais entendu parler du Bollinger Club.

Très loin de soupçonner l'importance que cette soirée déjà avancée allait avoir dans sa vie, Paul rentrait au collège à bicyclette, tout heureux de la réunion des Amis de la Société des Nations au cours de laquelle il avait entendu un intéressant exposé sur les plébiscites polonais. Il pensait encore lire un chapitre de la *Saga des Forsythe* en fumant une dernière pipe avant d'aller se coucher. Il frappa au portail, fut admis, remisa sa machine et entreprit, de son pas un peu hésitant, la traversée de la cour en direction de son escalier. Quelle foule !

Il n'éprouvait aucune hostilité de principe à l'encontre de l'ivrognerie, avait même fait un exposé assez osé sur ce sujet à la Société Thomas More ; mais il vivait dans la hantise épidermique des ivrognes.

Dans la nuit surgit soudain devant lui, comme un menhir branlant, Lumsden de Strathdrummond. Paul essaya de le contourner, mais le hasard voulut que la cravate de son ancienne école ressemblât d'assez près à celle, azur et blanche, du Bollinger Club. La différence d'un demi-centimètre dans la largeur des raies n'était pas de nature à être appréciée par Lumsden de Strathdrummond.

— Hé, les gars, visez ce loustic qui porte notre cravate ! s'écria le noble laird.

Ce n'était pas pour rien que sa famille exerçait sa chefferie sur d'innombrables arpents de lande désertique depuis avant le christianisme. Mr. Sniggs tourna un visage inquiet vers Mr. Postlethwaite.

— Ils ont l'air d'avoir attrapé quelqu'un, dit-il. Mon Dieu, serait-ce pas lord Rending ? Il va falloir que j'intervienne.

— Non, Sniggs, dit Mr. Postlethwaite en retenant par la manche son trop impétueux collègue. Il n'y a pas lieu, mon cher. Pensez donc au prestige de l'autorité. Dans l'état où ils sont, ils sont capables de jeter la discipline aux orties. Il faut à tout prix éviter pareil esclandre.

Mais la meute se débandait. Mr. Sniggs poussa un soupir de soulagement :

— Tout va bien, Postlethwaite : ce n'était pas Rending, mais Pennyfeather, un garçon sans importance.

— En effet ! Nous l'avons échappé belle, Sniggs… Tiens, mais le jeune homme a l'air d'avoir perdu pas mal de ses vêtements !

Le lendemain matin, le Conseil du collège se réunit dans des circonstances difficiles d'où il se tira avec honneur.

— Deux cent trente livres ! s'extasiait l'économe. Sans compter les dégâts ! Cela nous fait cinq soirées rien qu'avec ce que nous avons déjà ramassé. Cinq soirées de porto du Fondateur !

— Cette affaire Pennyfeather prend donc un tout autre aspect, dit le recteur. Vous avez bien dit qu'il avait parcouru toute la longueur de la cour d'honneur *sans son pantalon* ? C'est inconvenant ! Je dirai même que c'est indécent. Que dis-je, je ne suis pas loin de penser que c'est obscène. Ce n'est pas une conduite pour un universitaire !

— Si nous lui flanquions une bonne amende ? suggéra le second doyen.

— Mais non, mon pauvre ami, il doit être absolument sans fortune ! *Sans pantalon !* Et à cette heure de la nuit ! Non, non, il n'y a qu'une chose à faire : le renvoyer. Ce genre d'élève ne fait pas honneur au collège.

Deux heures plus tard, comme Paul emballait ses trois complets dans sa petite malle de cuir, l'économe le fit appeler.

— Ah, Mr. Pennyfeather, dit Mr. Postlethwaite. J'ai inspecté votre chambre et y ai trouvé deux petites brûlures, une sur le châssis de fenêtre et une sur la cheminée. Des cigarettes oubliées, sans doute. Je les mets sur votre note, à raison de cinq shillings et six pence par brûlure. Merci, ce sera tout.

En traversant la cour, Paul rencontra Mr. Sniggs.

— On est sur le départ ? dit le second doyen avec bonhomie.

— Oui, *sir*, dit Paul.

Un peu plus loin, il rencontra l'aumônier.

— Hé, Pennyfeather, vous ne partez pas sans me rendre mon exemplaire de *l'Église orientale* du doyen Stanley ? C'est bien vous qui l'avez, n'est-ce pas ?

— Je l'ai laissé sur votre bureau, *sir*.

— Merci. Alors, adieu, mon cher ami. J'imagine qu'après cet éclat tout à fait regrettable vous allez devoir songer à un autre état ? Encore heureux que vous n'ayez pas attendu d'être ordonné pour faire vos frasques. Vous savez, quand un prêtre se conduit de la sorte, cela va loin. Et il y en a, hélas ! Qu'est-ce que vous comptez faire ?

— Je ne sais pas encore.

— Évidemment, il y a toujours le commerce. Peut-être allez-vous vous efforcer de répandre dans le monde des affaires les idéaux qui vous ont été inculqués à Scone ? Ce ne sera pas facile, mon ami. Il vous faudra beaucoup de force d'âme pour faire oublier ce regrettable éclat. Que disait le docteur Johnson de la force d'âme ?... Mon Dieu, *sans pantalon* !

Au portail, Paul donna son pourboire au concierge.

— Adieu, Blackall, dit-il. Je ne pense pas qu'on se revoie de sitôt ?

— J'en ai peur, *sir*, et croyez bien que je regrette tout ce qui vous arrive. Vous allez sans doute tâter un peu de l'enseignement ? C'est ce que font en général ceux qui sont renvoyés pour attentat à la pudeur.

« Nom de Dieu de nom de Dieu et qu'ils aillent tous se faire foutre en enfer », se dit Paul avec douceur dans le taxi qui le conduisait à la gare.

Et comme il jurait rarement, il eut un peu honte.

Première partie

1. La vocation

— Renvoyé pour attentat à la pudeur ? dit le tuteur de Paul Pennyfeather. Dieu merci, ton père n'aura pas connu cette honte. Que veux-tu que je te dise de plus ?

Un ange passa dans la maison d'Onslow Square. Puis on entendit le gramophone de la fille du tuteur de Paul qui jouait un opéra de Gilbert et Sullivan dans son boudoir rose au premier étage. « Il ne faut pas que ma fille sache », ajouta le tuteur. Il y eut un nouveau silence.

— Tu connais le testament de ton père, reprit l'homme de loi. Il t'a laissé cinq mille livres, dont les intérêts devaient défrayer tes études, le capital te revenant à ta majorité, laquelle tombe dans onze mois, si je ne me trompe. Mais ton père m'a laissé toute liberté, au cas où tes études se termineraient avant ta majorité, de retenir ta pension si j'avais la moindre raison de penser que la vie que tu menais n'était pas satisfaisante. Ce serait trahir la confiance qu'il a placée en moi que de continuer à te la verser après ce qui s'est passé. En outre, tu comprendras que je ne puis t'accueillir sous ce toit qui abrite ma fille.

— Mais qu'est-ce que je vais devenir ? plaida Paul.

— Tu vas chercher du travail. Rien de tel que le travail pour faire oublier les petits ennuis.

— Quelle sorte de travail ?

— Du bon boulot bien dur. Tu as eu une vie trop facile, mon garçon, trop protégée. Cela te fera du bien de manger un peu de vache enragée.

Ce disant, le tuteur alluma un autre cigare.

— N'ai-je vraiment aucun droit sur mon argent ? demanda Paul.

— Pas le moindre, dit le tuteur d'un ton réjoui.

Ce printemps-là, la fille du tuteur de Paul se fit faire deux nouvelles robes du soir qui ne furent peut-être pas étrangères à l'annonce de ses fiançailles avec un jeune homme très bien qui avait un bon emploi dans l'administration des travaux publics.

— Renvoyé pour attentat à la pudeur ? dit Mr. Levy, de l'agence de placement *Church Gargoyle et Cie.* Il vaudra mieux ne pas en parler. Officiellement, je ne sais rien. Nous appelons ça *Interruption Volontaire d'Études pour convenance personnelle.* Il décrocha le téléphone intérieur : « Dites-moi, Mr. Simpson, avez-vous quelque chose dans le rayon I.V.E. hommes ?... Très bien, montez-moi ça... » Je crois, ajouta-t-il en raccrochant, que nous avons juste ce qu'il vous faut.

Un jeune homme apporta une feuille dactylographiée.

— Qu'en dites-vous ?

Paul lut :

Privé et confidentiel. Avis de vacance.

Augustus Fagan Esq., Ph.D., Llanabba Castle, Galles du Nord, requiert immédiatement jeune professeur adjoint pour enseigner latin, grec et anglais jusqu'au niveau universitaire, avec matières complémentaires mathématiques, allemand et français. Expérience et haute compétence sportive exigées.

Statut de l'établissement : École.

Salaire : cent vingt livres par an, nourri et logé.

Répondre d'urgence mais avec soin au Dr. Fagan (mettre « Esq., Ph.D. » sur l'enveloppe), avec copies de références et photographie si souhaité. Mentionner que vous avez pris connaissance de cet avis par l'intermédiaire de l'agence.

— Du sur mesure, dit Mr. Levy.

— Mais je ne connais pas un mot d'allemand, je n'ai aucune expérience, pas une seule référence et je ne sais pas jouer au cricket.

— Ne soyez donc pas si modeste. Vous n'avez pas idée de ce qu'on peut enseigner quand on le veut. Tenez, pas plus tard que le mois dernier, nous avons casé un type qui n'avait jamais mis les pieds dans un laboratoire comme directeur de l'Enseignement scientifique dans une de nos grandes *public schools*. Il s'était adressé à nous pour donner des leçons privées de musique. Aux dernières nouvelles, il marche très bien. Vous comprenez, le Dr. Fagan ne peut pas exiger tout ça pour le salaire de misère qu'il offre. Entre nous, Llanabba n'a pas bonne réputation. Nous classons les écoles en quatre catégories : *grand standing, excellente, bonne* et *école*. Franchement, *école* c'est plutôt moche. Je pense que ce poste vous conviendra parfaitement. À ma connaissance, il n'y a que deux autres candidats, et l'un d'eux est sourd comme un pot, le brave.

Le lendemain, Paul retourna à l'agence Church Gargoyle et Cie pour une entrevue avec le Dr. Fagan. Il n'eut pas longtemps à attendre. Le Dr. Fagan était déjà là, en train d'interviewer les deux autres candidats. Au bout de quelques minutes, Mr. Levy introduisit Paul dans la pièce, le présenta au Dr. Fagan et les laissa seuls.

— Je viens d'avoir une conversation très éprouvante, dit le Dr. Fagan. Je suis sûr que c'est un très gentil garçon, mais je n'ai pas pu lui faire entendre un seul mot. Vous, vous m'entendez ?

— Parfaitement.

— Bien. Passons alors aux choses sérieuses.

Paul risqua un regard timide. Le Dr. Fagan paraissait être de haute taille et très vieux. Il était élégamment habillé, avait des cheveux blancs plutôt longs et, sous d'épais sourcils noirs, des yeux profondément enfoncés dans leurs orbites. Sa tête était très longue et se balançait légèrement tandis qu'il parlait. Il modulait sa voix avec soin, comme s'il avait pris des leçons de diction du temps de sa lointaine jeunesse. Le dos de ses mains était velu et ses doigts crochus comme des serres.

— Je crois savoir que vous n'avez jamais enseigné ?

— C'est exact, *sir*.

— Ce n'est pas un désavantage. On acquiert trop facilement la déformation professionnelle et la vision s'en va. Soyons pratiques, cependant. Si j'offre cent vingt livres, c'est à quelqu'un qui a de l'expérience. J'ai ici la demande d'un jeune homme qui possède un diplôme de sylviculture, en foi de quoi il exige dix livres de plus. Mais c'est de la vision que je veux, Mr. Pennyfeather, pas des diplômes. En outre, si je comprends bien, vous avez quitté votre université assez vite ? Pourrais-je savoir pourquoi ?

Paul attendait la question. Fidèle à sa formation, il avait décidé d'être honnête :

— J'ai été renvoyé pour attentat à la pudeur, *sir*.

— Oh ! Oh !... Je ne vous demande pas de détails. Je suis depuis trop longtemps dans le métier pour ignorer qu'on n'y entre que pour de très bonnes raisons qu'on préfère garder pour soi. Mais pour être encore une fois pratique, Mr. Pennyfeather, il serait indécent que je paye cent vingt livres par an un homme qui a été renvoyé pour attentat à la pudeur. Que diriez-vous de quatre-vingt-dix livres pour commencer ? Je dois rentrer à Llanabba ce soir. Ce trimestre a encore six semaines à courir et j'ai perdu un de mes maîtres très brutalement. Je vous attends donc demain soir. Vous avez un très bon train à Euston à dix heures. Je crois que vous vous plairez chez nous, continua-t-il, rêveur. Vous ne serez pas long à vous apercevoir que mon établissement est bâti sur un idéal, un idéal de service à la communauté. Beaucoup de nos élèves sont d'excellente famille. Le petit lord Caney est venu à nous ce trimestre. Le fils du comte de Salvage, vous savez ; un bon petit gars, un peu lunatique, bien sûr, comme toute sa famille, mais qui a de la *branche*. – Le Dr. Fagan poussa un long soupir. – Je n'oserais pas en dire autant de tout mon personnel ! Entre nous, Pennyfeather, il va falloir que je me débarrasse de Grimes avant peu. Ce n'est pas comme qui dirait la fine fleur, Grimes ; et les élèves s'en rendent compte. Votre prédécesseur, lui, était tout à fait comme il faut. J'ai eu du regret de le perdre. Que voulez-vous, il réveillait mes filles la nuit en rentrant à moto, et il empruntait de l'argent aux élèves, d'assez fortes sommes, ma foi, et les parents ont fini par se plaindre. Il fallait bien qu'il s'en aille. Mais j'ai eu du regret. Il avait de la branche.

Le Dr. Fagan se leva, mit son chapeau, le pencha crânement de côté et, tirant sur un gant, se tourna vers Paul et dit :

— Au revoir, mon cher Pennyfeather. Je pense, non, je *sais* que nous allons bien nous entendre. Je sens ces choses-là.

— Au revoir, *sir*, dit Paul.

— Cinq pour cent de quatre-vingt-dix livres font quatre livres dix shillings, dit Mr. Levy en se frottant les mains. Vous pouvez régler maintenant ou quand vous recevrez votre salaire du premier trimestre. Si vous payez maintenant, vous bénéficiez d'une réduction de quinze pour cent, ce qui fait trois livres, seize shillings et six pence.

— Je vous paierai quand je recevrai mes gages, dit Paul.

— Comme il vous plaira. Heureux de vous avoir été utile.

2. Llanabba Castle

Selon que vous arrivez par la route côtière ou par celle de Bangor, Llanabba Castle vous apparaît sous deux aspects tout à fait différents. Les arrières sont ceux de la plupart des grandes maisons de campagne : beaucoup de fenêtres et une terrasse, une chaîne de serres et les toitures d'innombrables appentis voués à la domesticité et agrémentés d'une profusion de verdure. Mais en façade – et c'est ainsi qu'il se présente quand on vient de la gare –, l'édifice a une allure redoutable et quasiment féodale. La route longe d'abord près de deux kilomètres de muraille à mâchicoulis avant d'arriver à l'entrée principale, flanquée de deux tours à échauguettes décorées d'animaux héraldiques et pourvues d'un pont-levis en parfait état de marche. Derrière la barbacane se dresse le château, monument inexpugnable d'allure médiévale.

Ce contraste entre le devant et le derrière s'explique aisément. Dans les années 1860, quand le coton des États-Unis vint à manquer, la maison appartenait à un grand filateur du Lancashire. Sa femme ne put supporter que ses ouvriers tombent dans la misère.

Avec ses filles, elle organisa une grande vente de charité qui ne rapporta pas grand-chose. Quant à son mari, qui avait lu les économistes libéraux, il ne songea pas un instant à les payer à ne rien faire : l'*intérêt bien compris* trouva la solution. Un camp fut dressé dans le parc, les journaliers mis à enclore la propriété et à revêtir la façade du château de gros blocs de pierre extraits d'une carrière voisine. Quand la guerre de Sécession prit fin, ils s'en retournèrent à leur filature. Llanabba House était devenue Llanabba Castle à très bon compte.

Paul ne savait rien de toute cette histoire quand il arriva de la gare dans un vieux taxi et dans l'obscurité. D'ailleurs, il faisait encore plus sombre à l'intérieur.

— Je suis Mr. Pennyfeather, dit-il au maître d'hôtel. Je suis le nouveau maître.

— Oui, dit l'autre, je sais de quoi il retourne. Par ici.

Ils suivirent des galeries obscures et silencieuses où flottaient tous les relents de l'*odor di scuola* et parvinrent à une porte vitrée qui parut brillamment éclairée à Paul.

— C'est la salle des profs, dit le maître d'hôtel en disparaissant dans les ténèbres.

Paul frappa, ne reçut aucune réponse et poussa timidement la porte. Bien qu'il eût toujours manqué d'espace dans sa vie, il eut l'impression que la pièce n'était pas grande. « Combien peuvent-ils bien être ? » se demanda-t-il. Il eut un picotement d'appréhension à l'estomac en comptant seize pipes au râtelier suspendu à côté de la cheminée. Deux toges accrochées derrière la porte le rassurèrent un peu. Dans un coin traînaient des accessoires de golf, une canne, un parapluie et deux petits fusils. Sur la cheminée, un tableau de drap vert portait d'interminables listes dactylographiées ; et sur la table trônait une machine à écrire. Sur une étagère, de très vieux manuels voisinaient avec quelques cahiers neufs. En regardant bien, on distinguait encore une pompe à vélo, deux fauteuils, une chaise droite, une demi-bouteille de porto, un gant de boxe, un chapeau melon, le *Daily News* de la veille et un paquet de nettoie-pipes.

Paul s'assit tristement sur la chaise droite.

Bientôt, un coup fut frappé à la porte et un petit garçon entra.

— Oh ! fit-il en apercevant Paul.

— Hello !

— Je cherchais le capitaine Grimes.

— Ah !

L'enfant dévisageait Paul avec une curiosité pénétrante, impersonnelle.

— Je suppose que vous êtes le nouveau maître ? dit-il.

— Oui. Je m'appelle Pennyfeather.

— Très drôle ! dit le gamin en s'esquivant.

Sous peu la porte s'ouvrit de nouveau et deux autres garçons jetèrent un coup d'œil dans la pièce, s'esclaffèrent et disparurent. Au bout d'une demi-heure, six ou sept garçons s'étaient présentés sous divers prétextes pour prendre la mesure du nouveau maître. Puis une cloche tinta, déclenchant quelque part une débandade accompagnée de sifflements aigus. La porte s'ouvrit avec fracas et un petit homme d'une trentaine d'années fit une entrée bruyante, car il avait une jambe artificielle, avec en plus une petite moustache rousse et une calvitie naissante.

— Hello ! dit le petit homme.

— Hello ! dit Paul.

— Je suis le capitaine Grimes. Et toi, entre, ajouta-t-il en se retournant vers la porte.

Un élève entra.

— Qu'est-ce que ça signifie, siffler quand je t'ai dit d'arrêter ?

— Tout le monde sifflait.

— Quel est le rapport ?

— Très grand, il me semble.

— Tu me feras cent lignes. Et la prochaine fois je te battrai avec cette canne, dit Grimes en désignant l'instrument.

— Ça ne me fera pas très mal, dit l'élève qui sortit.

Grimes lui emboîta le pas, en haussant les épaules et en marmonnant :

— Aucune discipline dans cette baraque !

« Vais-je être heureux en maître d'école ? » se demanda Paul en se rasseyant. Presque aussitôt, un autre individu, plus âgé, entra sans bruit.

— Hello ! dit-il à Paul.

— Hello ! dit Paul.

— Je m'appelle Prendergast. Un doigt de porto ?

— Volontiers. Merci.

— Il n'y a qu'un verre.

— En ce cas, je vous en prie.

— Vous pourriez aller chercher votre verre à dents.

— Je ne sais pas encore où est ma chambre.

— Alors ce sera pour une autre fois. Je suppose que vous êtes le nouveau maître ?

— Oui.

— Vous n'allez pas vous plaire ici. Je le sais, j'y suis depuis dix ans. Grimes est arrivé au début du trimestre, et déjà il ne se plaît pas. Vous l'avez vu ?

— Oui, je crois.

— Ce n'est pas un gentleman. Vous fumez ?

— Oui.

— Je veux dire la pipe.

— Oui.

— Vous voyez là toutes mes pipes. Rappelez-moi de vous les montrer après le dîner.

À ce moment, le maître d'hôtel se présenta. Le Dr. Fagan demandait à voir Mr. Pennyfeather.

Les appartements du directeur étaient plus somptueux. Il se tenait debout à l'extrémité d'une vaste salle, le dos tourné à une grande cheminée en marbre de style rococo. Il portait un smoking de velours.

— On s'installe ? demanda-t-il.

— Oui, dit Paul.

Assise devant le feu, un bocal de bonbons sur les genoux, une femme d'environ trente-cinq ans, coquettement habillée, dévisageait Paul.

— C'est ma fille, dit le docteur avec une nuance de dégoût dans le ton et la voix.

— Enchantée de faire votre connaissance, dit miss Fagan. Comme je le dis toujours aux jeunes qui se pointent, ne vous laissez pas exploiter par le vieux. C'est un vrai négrier. Il est vrai qu'ils sont tous comme ça, ces fins lettrés ! N'est-ce pas que j'ai raison de dire que tu n'es pas humain, p'pa ?

— Ma chère, dit le docteur avec dignité, vous pouvez remercier Dieu de m'avoir détaché, encore que trop peu à mon gré, des basses contingences de ce monde. Je vous présente mon autre fille, Mr. Pennyfeather.

Annoncée par le tintement étouffé d'un trousseau de clés suspendu à sa ceinture, une autre femme était entrée, plus jeune que sa sœur, mais beaucoup moins enjouée.

— Comment allez-vous ? dit-elle. J'espère que vous avez apporté du savon. J'avais bien demandé à Père de vous le dire, mais il oublie toujours ce genre de commission. Nous ne fournissons ni le savon, ni le cirage, ni le blanchissage au-dessus de deux shillings et six pence par semaine. Vous prenez du sucre dans votre thé ?

— En général, oui.

— Je prends note et en ferai mettre deux morceaux supplémentaires pour vous. Mais n'allez pas vous les laisser chiper par les élèves.

— Je vous charge de la seconde jusqu'à la fin du trimestre, dit le docteur. Vous trouverez cette classe absolument délicieuse. Toutefois, Clutterbuck demande à être un peu surveillé. C'est un petit bonhomme des plus délicats. Je vous donne également la responsabilité des sports, des classes de menuiserie et de l'évacuation en cas d'incendie. Ah ! j'oubliais ! Enseignez-vous la musique ?

— Pas que je sache.

— C'est très ennuyeux. Mr. Levy m'avait assuré que si. J'ai déjà prévenu Beste-Chetwynde que vous lui donneriez deux leçons d'orgue par semaine. Eh bien, vous vous débrouillerez. Tiens ! voilà la cloche du dîner. Je ne vous retiens pas, Mr. Pennyfeather. Un instant, tout de même : surtout, pas un mot aux élèves sur les raisons qui vous ont fait quitter Oxford. Nous autres enseignants devons renforcer la discrétion par la dissimulation. Voilà une petite maxime sur laquelle vous ferez bien de méditer. Bonsoir, Mr. Pennyfeather.

— À la revoyure ! dit miss Fagan, l'aînée.

3. Le capitaine Grimes

Paul n'eut aucune peine à trouver le réfectoire, clairement annoncé par ses odeurs et par le bruit assourdissant des voix. C'était une grande pièce lambrissée de bonne apparence, où une soixantaine de garçons de dix à dix-huit ans mangeaient à quatre longues tables, les plus petits en costume d'Eton et les plus grands en smoking.

Paul fut conduit vers le bout d'une des tables. De chaque côté de la place offerte, les élèves s'étaient levés ; ils restèrent debout jusqu'à ce qu'il se fût assis. L'un d'eux était le siffleur de Grimes. D'emblée, Paul le trouva plutôt charmant.

— Je m'appelle Beste-Chetwynde, dit le garçon.

— Je vais vous enseigner l'orgue.

— On va bien s'amuser. Il faut aller à l'église du village. Vous jouez merveilleusement bien ?

Paul pensa que ce n'était pas le moment d'être trop franc. Renforçant la discrétion par la dissimulation, il répondit :

— Oui, comme un charme.

— Sans blague ? Vous dites la vérité ou vous déconnez ?

— Avant de venir ici, je donnais des leçons au recteur de Scone.

— Alors vous allez donner de la confiture à un cochon, dit Beste-Chetwynde avec un petit rire cristallin. Je ne m'y suis inscrit que pour sécher la gym. Mais que vois-je, vous n'avez pas de serviette ? Ces serveurs n'en font qu'à leur tête. Philbrick ! cria-t-il au maître d'hôtel. Pourquoi n'avez-vous pas donné une serviette à Mr. Pennyfeather ?

— J'ai oublié, dit Philbrick, et il est trop tard parce que miss Fagan a fermé le placard à linge et elle est partie avec la clé.

— Qu'est-ce que vous racontez ? Allez en chercher une tout de suite ! Ce type est mieux qu'il n'en a l'air, mais il faut le tenir à l'œil.

Quelques minutes plus tard, Philbrick revenait avec une serviette.

— Vous m'avez l'air d'être un garçon très intelligent, dit Paul.

— Ce n'est pas l'avis du capitaine Grimes. Il dit même que je suis un demeuré. Je suis content que vous ne soyez pas comme lui. Il est tellement commun, vous ne trouvez pas ?

— Ne parlez pas ainsi des autres maîtres en ma présence.

— Vous fâchez pas : c'est ce que tout le monde pense. D'ailleurs, il porte des caleçons longs. J'ai vu ça dans son carnet de blanchissage un jour qu'il m'avait demandé d'aller chercher son chapeau. Dégoûtant, non ?

Il y eut un tumulte au bout du réfectoire.

— C'est encore Clutterbuck qui dégueule, dit Beste-Chetwynde. C'est comme ça chaque fois qu'il y a du mouton.

L'autre voisin de Paul parla pour la première fois :

— Mr. Prendergast porte une moumoute, dit-il.

Puis ses propos devinrent obscurs et il s'en tira par un gloussement.

— C'est Briggs, dit Beste-Chetwynde. Mais tout le monde l'appelle Pebroc, parce que ses parents… vous savez, les parapluies Briggs ?

— Vous êtes tous des crétins, dit Pebroc.

Paul se dit que toute cette conversation vous avait un petit air bon enfant auquel il ne s'attendait pas du tout. Ce n'était pas difficile de s'entendre avec ces garçons.

Quand vint le moment, ils se levèrent et Mr. Prendergast prononça les grâces, au milieu d'un tumulte où Paul distingua un « Hou Prendy ! » énergique lancé de son voisinage.

— *… per Christum Dominum nostrum, Amen*, dit Mr. Prendergast. Beste-Chetwynde, c'est vous qui avez fait ce bruit ?

— Qui, moi, *sir* ? Non, *sir*.

— Pennyfeather, est-ce que c'est Beste-Chetwynde qui a fait ce bruit ?

— Je ne crois pas, dit Paul, qui fut gratifié d'un regard presque tendre par le coupable.

En sortant, le capitaine Grimes prit Paul par le bras.

— Quelle tambouille, n'est-ce pas, mon vieux ?

— En effet.

— Prendy est de garde ce soir. Moi, je vais au pub. Vous venez ?

— D'accord.

— Prendy n'est pas mal dans son genre, mais il se fait abominablement chahuter. Je sais bien qu'avec une perruque… Moi, j'ai bien une jambe postiche, mais c'est différent. Elle me fait respecter, parce qu'ils croient tous que je l'ai perdue à la guerre. En fait, et strictement entre nous, je suis passé sous un tramway un jour que j'avais bu. Je ne le dis pas à tout le monde, mais vous, j'ai idée qu'on peut vous faire confiance. Je crois qu'on va être camarades.

— Je l'espère.

— Depuis quelque temps, j'éprouve à nouveau le besoin d'avoir un camarade. Le type avant vous n'était pas trop mal, un peu m'as-tu-vu, c'est tout. Vous comprenez, il avait une motocyclette. Par exemple, les filles de la maison ne le portaient pas dans leur cœur. Vous avez fait la connaissance de miss Fagan ?

— Oui, des deux.

— Ce sont des chameaux l'une comme l'autre. Je suis fiancé avec Flossie.

— Sans blague ! C'est laquelle ?

— L'aînée. Les élèves les appellent Flossie et Dingy. Nous ne l'avons pas encore dit au vieux. J'attends de retomber dans le merdier. Voici le pub. Pas tellement moche en son genre, vous trouvez pas ? C'est le père Clutterbuck qui fait toute la bière par ici. Pas mauvaise, d'ailleurs, dans son genre. Deux pintes, Mrs. Roberts.

Dans le coin opposé de la salle, Philbrick pérorait en gallois devant un vieillard d'aspect louche.

— Ce culot qu'il a de venir ici ! dit Grimes.

Mrs. Roberts leur apporta elle-même leur bière. Grimes avala une longue rasade et poussa un gloussement de satisfaction.

— J'ai idée que je vais enfin voir une fin de trimestre, dit-il d'un ton pénétré. C'est bizarre, mais pendant six semaines ça va à peu près, et puis c'est le merdier. Il est bien évident que la Nature ne me destinait pas à devenir maître d'école. Mon handicap, c'est mon tempérament…

Son regard était devenu rêveur et fixe.

— … et les femmes, laissa-t-il tomber.

— C'est difficile de trouver un autre poste quand on est dans le... merdier ? demanda Paul.

— Au début, oui. Mais on se démerde. Vous comprenez, je sors d'une *public school* : c'est ce qui fait toute la différence. Il y a dans le système social anglais une sorte de justice immanente qui met pour toujours le *public school man* à l'abri de la nécessité. Vous faites quatre ou cinq ans en enfer, à une époque de la vie qui est un enfer de toute manière, et en échange le système vous prend en charge. Et même, moi qui vous parle, je n'ai pas eu à faire cinq ans, ni même quatre, puisque j'ai été renvoyé à seize ans. Mon *housemaster*, qui comprenait le système, m'a dit : « Grimes, pas question de te garder ici après ce qui s'est passé : il faut penser aux autres. Mais je ne serai pas trop dur avec toi. Je veux que tu puisses prendre un nouveau départ dans la vie. » Et, séance tenante, il m'a écrit une lettre de recommandation à l'intention de tous mes employeurs futurs. Ah ! mon vieux, quelle référence ! Je l'ai toujours, elle me sert de temps en temps. Eh bien, voilà tout le système : ils peuvent vous faire les pires vacheries, mais ils ne vous abandonnent jamais. Pour bien marquer que je n'étais pas ingrat, j'ai souscrit tout de suite une guinée pour le Monument aux Morts de la Guerre, et ça m'a fait quelque chose quand le chèque est revenu. Après ça, je suis entré dans les affaires. Un de mes oncles avait une fabrique de brosses qui ne marchait pas mal avant la guerre, mais justement la guerre l'a mis en faillite. Vous êtes trop jeune pour avoir fait la guerre. C'était le bon temps. On ne reverra jamais plus ça. Je suis sûr que je n'ai pas dessoûlé deux heures de tout le temps qu'elle a duré. Mais malgré ça je suis retombé dans le merdier, et jusqu'au cou cette fois. C'était en France. Ils m'ont dit : « Écoute, Grimes, on ne veut pas de conseil de guerre dans ce régiment. Tu vas te conduire comme un gentleman. Nous allons te laisser seul pendant une demi-heure. Adieu, vieux », m'ont-ils dit affectueusement en partant. Je suis resté là longtemps à regarder le revolver. Je l'ai collé deux fois contre ma tempe, et puis je l'ai remis sur la table. « Un *public school man* ne finit pas comme ça », me suis-je dit. Ce fut la plus longue demi-heure de ma vie. Heureusement, ils m'avaient laissé une bouteille de whisky. Ils en avaient même bu pas mal aussi. C'est pour ça qu'ils étaient tous si solennels. Quand ils sont revenus, il n'en restait plus. Grâce à ça, et à cause de la tension qui régnait, j'ai pas pu m'empêcher d'avoir le fou rire quand je les ai revus. Si vous aviez vu leur gueule ahurie quand ils m'ont retrouvé vivant et beurré !

« — Cet homme est un goujat et un félon, a dit le colonel.

« Comme je n'arrivais pas à retrouver mon sérieux, ils m'ont mis aux arrêts en attendant le conseil de guerre. Le lendemain, je n'en menais pas large, ça je vous l'avoue. Ils ont fait venir un commandant d'un autre bataillon, pour présider. Il est venu me voir : c'était un de mes anciens condisciples.

« — Que je sois pendu si ce n'est pas ce vieux Grimes ! Qu'est-ce que c'est que ces histoires de conseil de guerre ?

« Je lui conte l'affaire.

« — H'm, c'est plutôt moche, dit-il. Mais pas question de fusiller un ancien de Harrow. Je vais voir ce que je peux faire.

« Et le lendemain, on m'expédiait en Irlande, avec une planque dans les postes aux armées comme j'en avais toujours rêvé. Là, j'ai tenu le coup jusqu'à la fin de la guerre. En Irlande, vous comprenez, on ne tombe jamais dans le merdier, quoi qu'on puisse faire. Si je vous ennuie, dites-le-moi.

— Au contraire, c'est plutôt encourageant.

— Dans le merdier, j'y suis retombé assez souvent depuis, mais jamais aussi profond que ce coup-là. Il y a toujours eu une bonne âme pour me dire : « Halte là ! Je ne veux pas voir un *public school man* dans le merdier. Je vous remets en selle. » J'ai été remis en selle plus souvent qu'aucun être vivant.

Philbrick se leva et s'approcha.

— On s'embête ? dit-il. Je viens de causer avec le chef de gare, et si vous voulez que je vous présente à une bonne femme…

— Absolument pas, dit Paul.

— Vous fâchez pas ! Moi, ce que j'en disais…

Et Philbrick pivota prestement sur ses talons.

— Pour Grimes ici présent, dit le capitaine Grimes, les femmes sont une énigme.

4. Mr. Prendergast

Le lendemain matin, Paul fut réveillé par un coup très fort assené sur sa porte, et Beste-Chetwynde entra dans sa chambre. Il portait une belle robe de chambre de chez Charvet.

— Bonjour, *sir*, dit-il. J'ai pensé qu'il fallait vous prévenir qu'il n'y a qu'une salle de bains pour les maîtres. Si vous voulez l'avoir avant Mr. Prendergast, il faut y aller tout de suite. Le capitaine Grimes ne se lave pas souvent, ajouta-t-il avant de disparaître.

Paul se rendit à la salle de bains et se félicita de l'effort quelques minutes plus tard quand il entendit traîner des pantoufles dans le couloir et tambouriner furieusement sur la porte.

Comme il achevait de s'habiller, Philbrick se présenta.

— J'avais oublié de vous réveiller, dit-il. Le *breakfast* sera servi dans dix minutes.

Quand il eut déjeuné, Paul se rendit à la salle des professeurs. Il y trouva Mr. Prendergast occupé à polir toutes ses pipes avec une peau de chamois. Il lança un regard de reproche à Paul.

— Il faudra que nous nous arrangions à propos de la salle de bains, dit-il. Grimes prend rarement un bain. J'en prends toujours un avant le *breakfast*.

— Moi aussi, dit fièrement Paul.

— Dans ce cas, il va falloir que je trouve un autre moment, soupira Mr. Prendergast en reportant toute son attention sur ses pipes. Et dire que je suis ici depuis dix ans ! Mais c'est toujours la même chose. Je savais bien que vous auriez besoin de la salle de bains. C'était si commode avec Grimes et cet autre jeune homme ! Il ne descendait jamais pour le *breakfast*. Mon Dieu, je vois que les choses vont devenir terriblement compliquées.

— Qu'est-ce qui nous empêche de prendre tous les deux un bain avant le *breakfast* ?

— Non, non, il n'en est plus question. C'est toujours la même chose depuis que j'ai quitté le ministère.

Paul se garda bien de répondre, et Mr. Prendergast poursuivit son polissage, en soufflant sur ses pipes.

— Vous vous demandez sans doute comment j'ai échoué ici ? dit-il enfin.

— Pas du tout, dit Paul. Je trouve cela tout naturel.

— Comment ? Mais ce n'est pas naturel du tout ! Si les choses s'étaient passées un peu différemment, je serais à l'heure qu'il est recteur d'une bonne paroisse, avec mon presbytère et *ma* salle de bains. J'aurais même pu devenir doyen à la campagne. Seulement...

Ici, la voix de Mr. Prendergast ne fut plus qu'un souffle.

— ... seulement, j'ai eu des *Doutes*. Mais je ne sais pas pourquoi je vous raconte toutes ces histoires. Personne ici n'en sait rien. Mais vous, il me semble que vous êtes capable de comprendre. Il y a dix ans, j'étais pasteur de l'Église d'Angleterre. Je venais d'être nommé à une cure à Worthing. L'église était belle, pas ancienne mais très joliment décorée, avec six chandeliers sur l'autel, la Sainte Réserve du Sacrement dans la chapelle de la Vierge, un excellent système de chauffage au coke dans un petit appentis près de la porte de la sacristie, pas de cimetière entre l'église et le presbytère, rien qu'une haie de troènes.

« Dès mon installation, ma mère est venue tenir mon ménage. Elle m'a fait des rideaux de chintz pour le salon avec son argent à elle. Elle recevait une fois par semaine les dames de la paroisse. L'une d'elles, la femme d'un dentiste, m'a fait cadeau d'une *Encyclopédie britannique* complète pour mon bureau. Quelle belle vie, jusqu'au jour où mes *Doutes* sont arrivés !

— Ils étaient si terribles que cela ? dit Paul.

— Ils étaient insurmontables, dit tristement Mr. Prendergast. Et voilà pourquoi je suis maintenant ici. Mais je vous ennuie...

— Mais pas du tout, continuez, je vous prie ; à moins que cela ne vous fasse de la peine d'y penser.

— J'y pense tout le temps. C'est arrivé tout d'un coup, sans crier gare. Nous étions là depuis trois mois, et ma mère s'était étroitement liée avec des gens qui s'appelaient Bundle, un nom curieux, vous ne trouvez pas ? Je crois que lui avait été dans les assurances avant de prendre sa retraite. Mrs. Bundle nous invitait très aimablement à souper, le dimanche après vêpres. Ces réunions sans apprêts étaient pleines de charme pour moi et je les attendais avec plaisir. Je les vois encore, tous assis ce soir-là : ma mère, Mr. et Mrs. Bundle et leur fils, un garçon boutonneux, externe à Brighton College où il allait tous les jours par le train, et la mère de Mrs. Bundle, une Mrs. Crump, plutôt sourde mais excellente femme d'Église ; et Mrs. Aber, la femme de ce dentiste, qui m'avait donné l'*Encyclopédie*, et le vieux major Ending, marguillier de la paroisse. Ce dimanche-là, j'avais prononcé deux sermons et fait la classe de catéchisme dans l'après-midi, si bien que je ne participais qu'assez distraitement à la conversation. Ils parlaient tous avec entrain des préparatifs de la saison balnéaire, quand tout à coup, sans raison, j'ai été assailli par mes premiers *Doutes*.

Il s'arrêta, accablé, et Paul crut devoir lui exprimer sa sympathie :

— Quelle chose terrible ! dit-il doucement.

— À qui le dites-vous ! Depuis ce moment, je n'ai plus jamais connu une heure de vrai bonheur. Voyez-vous, ce n'étaient pas les doutes ordinaires, sur la femme de Caïn, par exemple, ou les miracles de l'Ancien Testament, ou la consécration de l'archevêque Parker. Tout cela, on m'avait appris à l'expliquer au séminaire. C'était quelque chose de beaucoup plus profond. *Je n'arrivais plus à comprendre pourquoi Dieu avait fait le monde.* Et pendant que je subissais cet assaut soudain du doute, ma mère et les Bundle et Mrs. Crump continuaient à bavarder comme si de rien n'était. Vous saisissez, n'est-ce pas, comme c'était fondamental ? Une fois admis ce premier pas, je vois bien que tout le reste suit : la tour de Babel, la captivité de Babylone, l'Incarnation, l'Église, les évêques, l'encens, tout. Mais ce que je ne comprenais plus, et que je ne comprends toujours pas, c'est : pourquoi tout cela a-t-il commencé ?

« J'ai demandé à mon évêque. Il ne savait pas. Il m'a dit qu'à son avis la question ne se posait pas sur le plan de mes devoirs pastoraux. J'en ai alors parlé à ma mère. Tout d'abord elle n'a voulu y voir qu'un trouble passager. Mais comme cela ne se passait pas, elle a fini par comprendre et nous sommes tombés d'accord pour penser que le seul parti honorable était que je démissionne. Elle ne s'en est jamais remise, d'ailleurs, la pauvre femme. C'était une catastrophe pour elle, après avoir acheté tous les rideaux et noué de si bonnes relations avec les Bundle !

Une cloche résonna dans une galerie lointaine.

— On nous appelle à l'assemblée du matin pour les prières, dit Mr. Prendergast. Et moi qui n'ai pas fini mes pipes !

Il décrocha sa toge et l'enfila.

— Un jour, peut-être, je verrai la Lumière, dit-il. Alors je reprendrai le saint ministère. En attendant…

Clutterbuck passa derrière la porte en sifflant.

— Voilà un sale moutard ou je ne m'y connais pas, dit Mr. Prendergast.

5. La discipline

On récitait les prières dans la grande salle du château. Les élèves étaient debout par classes le long des murs lambrissés, tenant chacun une petite pile de livres sous le bras. Grimes était affalé sur une des chaises qui entouraient la cheminée seigneuriale.

— B'jour, dit-il à Paul. Je viens de descendre. Je pue l'alcool ?

— Oui, dit Paul.

— Je n'aurais pas dû manquer le *breakfast*. Prendy vous a conté ses doutes ?

— Oui.

— C'est drôle, moi je n'ai jamais eu ce genre d'ennuis. Je ne suis pas particulièrement pieux, mais je n'ai jamais eu de doutes. D'avoir été dans le merdier aussi souvent que moi, eh bien, finalement, cela vous donne comme une idée que tout est pour le mieux : vous savez, Tennyson : « Dieu est dans son ciel, tout va bien dans le monde. » Sans que je puisse tout à fait expliquer pourquoi, il me semble qu'on n'est jamais malheureux bien longtemps si on arrive à faire ce qu'on veut quand on veut. Le dernier type qui m'a remis en selle disait que j'étais « en singulière harmonie avec les tendances primitives de l'humanité ». J'ai trouvé cela juste et je m'en souviens. Voici le vieux. C'est ici qu'on se lève.

Comme la cloche venait de se taire, le Dr. Fagan entra majestueusement dans la salle, sa belle toge doctorale flottant autour de lui. Il avait une orchidée à sa boutonnière.

— Bonjour, *gentlemen*, dit-il.

— Bonjour, *sir*, répondit le chœur des élèves.

Le docteur prit place derrière une grande table de bois massif, saisit une Bible et, l'ouvrant au hasard, lut un chapitre d'histoire militaire dont les atrocités parurent le laisser froid. Puis il entonna le *Notre Père* que les élèves répétèrent sur le ton de la conversation familière, sous la conduite de Mr. Prendergast dont l'intonation attestait la culture ecclésiastique.

Puis le docteur jeta un coup d'œil sur une feuille de papier qu'il tenait à la main.

— Mes amis, dit-il, j'ai à vous faire part de quelques avis. Le challenge Fagan de cross-country ne sera pas couru cette année à cause des inondations, et la coupe ne sera pas décernée.

— Il a dû la mettre au clou, souffla Grimes à l'oreille de Paul.

— Il en sera de même pour le prix Llanabba de dissertation.

— À cause des inondations !

— J'ai reçu ma note de téléphone, et j'y relève pour le trimestre rien moins que vingt-trois appels à Londres dont aucun de ma part ni de celle de ma famille. Je compte sur les *prefects* pour faire cesser ce trafic, à moins qu'ils n'en soient eux-mêmes les auteurs, dans ce cas je les prierai de se servir des facilités de la poste du village, à laquelle ils ont accès. Je crois que c'est tout, Mr. Prendergast ?

— *Cigares*, dit Mr. Prendergast en aparté de théâtre.

— Ah ! oui, les cigares. Mes amis, j'ai été profondément affligé d'apprendre que plusieurs mégots de cigare avaient été trouvés… où donc, Mr. Prendergast ?

— *Dans la chaufferie.*

— Dans la chaufferie. Eh bien, j'ose tenir le fait pour répréhensible. QUI fume des cigares dans la chaufferie ?

Silence prolongé au cours duquel l'œil du maître balaya la salle.

— J'accorde au coupable jusqu'au déjeuner pour se dénoncer, faute de quoi l'École tout entière sera sévèrement punie.

— Merde ! murmura Grimes. C'est moi qui ai donné ces cigares à Clutterbuck. J'espère que cet idiot aura l'intelligence de se taire.

— Et maintenant, à vos classes, dit le docteur.

L'École sortit en bon ordre.

— À en juger par leurs déplorables restes qui étaient jaune pâle, ce n'étaient pas de bons cigares, dit Mr. Prendergast.

— Circonstance aggravante, dit le docteur. Quoi ! un élève de mon établissement, fumer des cigares jaune pâle dans la chaufferie ! Ce n'est pas un délit de gentleman.

Les maîtres remontèrent le grand escalier.

— Voilà votre petit gang là-bas, dit Grimes à Paul. Vous les relâchez à onze heures.

— Mais qu'est-ce que je vais leur enseigner ? dit Paul soudain saisi de panique.

— Oh ! Enseigner, comme vous y allez ! À votre place, je n'y penserais pas encore. Si vous arrivez à les faire tenir tranquilles, ce sera très bien.

— C'est une chose que je n'ai jamais pu apprendre, soupira Mr. Prendergast.

Paul le suivit des yeux comme il entrait dans sa classe du pas ferme et tranquille du martyr. Il y fut accueilli par une tempête d'applaudissements. Muet de terreur, Paul entra dans la sienne.

Dix élèves étaient assis les bras croisés, le regard brillant d'expectative.

— Bonjour, *sir*, dit le plus proche.

— Bonjour, dit Paul.

— Bonjour, *sir*, dit le suivant.

— Bonjour, dit Paul.

— Bonjour, *sir*, dit le troisième.

— La barbe ! Taisez-vous ! dit Paul.

L'élève ainsi brimé tira son mouchoir et se mit à pleurer paisiblement.

— Oh ! *sir*, dirent tous les autres en chœur, vous lui avez fait de la peine ! Il est très sensible, c'est son sang gallois. Dites-lui bonjour, *sir*, ou bien il sera malheureux toute la journée. Après tout, c'est un bon jour, n'est-il pas vrai, *sir* ?

— Silence ! cria Paul, et le tapage s'atténua.

— S'il vous plaît, *sir*, dit un filet de voix.

Paul se tourna et vit un garçon au visage grave, la main levée :

— S'il vous plaît, *sir*, peut-être qu'il a fumé des cigares et ne se sent pas bien.

— Silence ! répéta Paul.

Les dix garçons obéirent, mais ce fut pour le regarder fixement et dans une immobilité complète. Il se sentit rougir.

— Je suppose, dit-il comme en se parlant à lui-même, que la première chose à faire, c'est de m'assurer de vos noms. Vous, là, comment vous appelez-vous ?

— Coney, *sir*.

— Et vous ?

— Coney.

Paul sentit le sol se dérober sous ses pieds.

— Vous ne pouvez pas vous appeler Coney tous les deux.

— Non, *sir*. Coney, c'est moi. Lui, il essaye de la ramener.

— Qui, moi ? La ramener, moi ? S'il vous plaît, *sir*, Coney c'est moi.

— Si vous allez par là, dit Clutterbuck qui était au dernier rang, il n'y a qu'un Coney ici, et c'est moi. Les autres, je les emmerde.

Paul perdit pied. Il se raidit :

— Bon, je vois. Est-ce que par hasard il y aurait quelqu'un ici qui ne s'appellerait pas Coney ?

Quatre ou cinq voix s'élevèrent avec vigueur.

— Moi, *sir*. Je ne m'appelle pas Coney. Je ne voudrais pas m'appeler Coney pour tous les cigares du monde.

En quelques secondes, la classe se partagea en deux factions : les Coney et les anti-Coney. Les coups commençaient à pleuvoir quand la porte s'ouvrit et Grimes fit son entrée. Une espèce de calme se rétablit.

— J'ai pensé que vous pourriez en avoir besoin, dit-il en tendant une canne à Paul. Et si vous m'en croyez, lui murmura-t-il à l'oreille, donnez-leur quelque chose à faire.

Grimes reparti, Paul fit face, armé de sa canne.

— Écoutez-moi, dit-il. Je me balance des noms que vous pouvez bien avoir. Mais si j'entends encore un mot, je vous consigne tout l'après-midi.

— Pas moi, dit Clutterbuck. Je dois aller me promener avec le capitaine.

— Je vous tuerai plutôt avec cette canne, dit Paul. Et maintenant, vous allez m'écrire un essai sur *le sybaritisme*. Je donne un prix d'une demi-couronne à l'essai le plus long, sans tenir compte du mérite qu'il pourrait avoir.

C'est ainsi que Paul obtint le silence jusqu'à la récréation. Sans toutefois se défaire de sa canne, il put se distraire mélancoliquement en regardant par la fenêtre. Des communs s'élevait le chœur des domestiques donnant de la voix en gallois. À la cloche, Clutterbuck, avec seize pages, remporta le prix.

— Vous avez eu du mal à les tenir ? demanda Prendergast en bourrant sa pipe.

— Pas du tout, dit Paul.

— Vous avez de la chance. Moi, tous ces garnements, je n'ai pas la moindre prise sur eux. Je me demande pourquoi. Ma perruque doit y être pour quelque chose. Vous avez remarqué que je portais une perruque ?

— Non, bien sûr que non.

— Les élèves l'ont repérée tout de suite. Quelle bêtise j'ai faite ! Quand j'ai quitté Worthing, j'ai pensé que je faisais trop vieux pour retrouver une situation. Je n'avais pourtant que quarante et un ans. Je l'ai payée très cher, cette perruque, et c'était la moins chère. C'est pourquoi sans doute elle ne trompe personne. J'ai vu tout de suite que j'avais fait une bêtise. Mais il était trop tard.

— Si ce n'était cela, ce serait autre chose.

— Vous croyez ? En effet, j'ai même peut-être de la chance d'avoir su rallier le gros de leurs railleries autour d'un seul point qui, somme toute, m'est étranger. Mais si je n'avais pas mes pipes, je ne sais pas comment je pourrais continuer. Qu'est-ce qui vous a fait venir ici ?

— J'ai été renvoyé de Scone College pour attentat à la pudeur.

— Tiens, tiens ! Comme Grimes, alors ?

— Ah ! non, dit Paul d'un ton ferme, pas comme Grimes !

— Vous devez savoir. En tout cas, tout cela n'est pas drôle. Et voilà maintenant la cloche ! Mon Dieu, cet affreux bonhomme a encore pris ma toge !

Deux jours plus tard, Beste-Chetwynde tira le registre *voix humaine* et joua *Pop goes the Weasel*, vieille danse rustique. Il s'interrompit.

— Savez-vous, *sir*, que vous avez presque fait un malheur avec la seconde ?

Paul et lui étaient assis à l'orgue dans la tribune de l'église du village. C'était la seconde leçon.

— Laissez donc cette pauvre bête de belette, dit Paul. Que voulez-vous dire, *fait un malheur* ?

— Clutterbuck a été appelé chez Dingy ce matin. Elle lui a remis une boîte d'ananas en tranches. Coney lui a dit : « Tu vas amener ça à table ? » et il a répondu : « Non, je vais les manger en classe de Pennyfeather. — Que tu crois, a dit Coney, des bonbons et des biscuits, d'accord. Mais des ananas, non, c'est dépasser les bornes. C'est les petits salauds comme toi qui changent les maîtres buvables en sauvages. »

— Vous pensez que cela m'honore ?

— Je n'ai presque jamais entendu un élève aller si loin dans l'éloge d'un maître. Voulez-vous que j'essaie cet hymne encore une fois ?

— Non, dit Paul avec fermeté.

— Bon. Alors je vais vous dire autre chose. Vous connaissez Philbrick ?

— Hélas !

— Bien sûr, mais ce n'est pas seulement qu'il est un très mauvais maître d'hôtel : tous les domestiques sont effroyables ici. C'est qu'il y a quelque chose de louche dans son comportement. Nous ne croyons pas qu'il soit maître d'hôtel du tout.

— Je ne vois pas ce qu'il pourrait être d'autre.

— Vous avez déjà vu un maître d'hôtel avec un diamant à sa cravate ?

— Je ne m'en souviens pas, en tout cas.

— Philbrick en a un, et un autre diamant à sa chevalière. Il les a montrés à Pebroc. Des diamants énormes, a dit Pebroc. Philbrick lui a dit qu'il en avait des boîtes pleines avant la guerre, et des émeraudes, et qu'il mangeait dans de la vaisselle en or. Nous pensons que c'est un prince russe en exil.

— En général, les princes russes n'hésitent pas à afficher leurs titres. D'ailleurs, il m'a l'air trop anglais.

— Nous y avons pensé. Mais Pebroc dit qu'il y avait beaucoup de Russes dans les écoles avant la guerre. Et maintenant, ne vous en déplaise, je vais vous jouer de l'orgue. Après tout, ma mère paie cinq guinées de supplément par trimestre pour mes leçons.

6. Tempête sous un crâne

Assis devant le feu de la salle des professeurs en attendant la cloche du thé, Paul convenait volontiers que la semaine n'avait pas été si mauvaise. Le *satisfecit* que lui avait décerné sa classe avait permis la mise en place d'un *modus vivendi* tacitement agréé : 1° Lorsque Paul voulait lire ou écrire en classe, on le laissait faire sans le déranger. Contrepartie : pendant ce temps-là, les élèves faisaient ce qu'ils voulaient. 2° S'il voulait leur parler d'une matière ou d'une autre, on l'écoutait en silence. Contrepartie : s'il donnait un devoir, il ne fallait pas qu'il s'attende à ce qu'il soit fait par toute la classe ni entièrement par personne. Par ailleurs, il avait plu toute la semaine, donc pas de sports. Dans l'ensemble, donc, la semaine se soldait par une absence totale de punitions, de représailles ou d'exposition aux intempéries. Les soirées avaient été remplies par les confessions de Grimes, ou par d'incroyables exposés du même sur une variété de sujets pouvant aller des caprices de l'appendice jusqu'aux curiosités de la psychanalyse.

Mr. Prendergast entra avec le courrier.

— Une lettre pour vous, deux pour Grimes, pas une seule pour moi, dit-il, navré. Personne ne m'écrit jamais. Il fut un temps où je recevais cinq ou six lettres par jour, sans compter les circulaires. Ma mère les classait pour faciliter mes réponses : un dossier pour les œuvres, un autre pour les lettres personnelles, un troisième pour les mariages et les enterrements, un quatrième pour les baptêmes et les relevailles, et enfin un cinquième pour les lettres d'injures anonymes. Je me suis toujours demandé pourquoi le clergé recevait autant de lettres de cette dernière sorte et venant souvent de gens instruits. Je me souviens que mon père a eu jadis beaucoup d'ennuis de ce côté-là, au point d'être obligé de faire appel à la police, tant les lettres devenaient menaçantes. Et savez-vous, elles provenaient de la femme de son vicaire, une petite femme bien rangée. Tenez, voici votre lettre. Celles de Grimes m'ont l'air d'être des factures. Je ne comprends pas que les commerçants fassent crédit à un pareil individu. Pour ma part, je paie toujours comptant, ou du moins c'est ce que je ferais si j'achetais des choses. Mais depuis deux ans, hormis mon tabac, le *Daily News* et, de temps en temps, quand il fait froid, un peu de porto, je ne me souviens pas avoir rien acheté. Ah ! si, il y a cette canne : je l'ai acquise à Shanklin, et Grimes l'utilise pour battre les élèves. Je n'avais pas l'intention de faire cet achat, mais j'y étais allé pour la journée – il y aura deux ans en août – et pour prendre l'air, et je suis entré au débit de tabac. Il n'avait pas mon tabac, et j'ai pensé que je ne pouvais pas partir sans rien acheter, alors j'ai pris cette canne, un shilling et six pence. Je ne suis pas allé au salon de thé ce jour-là.

Paul prit sa lettre. On l'avait fait suivre depuis Onslow Square. Sur la patte de l'enveloppe était gravé l'écusson de Scone College. Elle venait de l'un de ses amis :

Scone College, Junior Common Room,
Oxford

Mon cher Pennyfeather,

Je ne te décrirai pas le chagrin que j'ai éprouvé quand j'ai appris ton désastre. J'ai bien l'impression que tu as été victime d'une flagrante injustice. Je ne connais pas tous les faits, mais hier soir un incident curieux est venu confirmer mon opinion. J'allais me coucher quand Digby-Vane-Trumpington est entré dans ma chambre sans frapper. N'ayant jamais eu aucun rapport avec lui (tu le sais bien), j'ai été fort surpris de cette visite. « Il paraît que vous êtes un ami de Pennyfeather », m'a-t-il dit. J'ai acquiescé. Et alors il m'a dit : « J'apprends que je l'ai mis dans le pétrin. » J'ai dit oui, et lui : « Vous voudrez bien lui faire mes excuses quand vous lui écrirez ? » J'ai dit que je le ferais. Alors il a ajouté : « Écoutez, mon cher : on raconte qu'il n'est pas riche. J'ai pensé lui envoyer de l'argent pour le dédommager, vingt livres : c'est tout ce dont je dispose en ce moment. Ce ne serait pas bien ? » Alors, là, mon vieux, je ne lui ai pas envoyé dire ce que je pensais de lui pour cette insultante proposition. Je lui ai demandé comment il osait traiter un gentleman de la sorte simplement parce qu'il ne faisait pas partie de son horrible clique. Il a eu l'air plutôt surpris et il m'a dit : « C'est que tous mes amis à moi passent leur temps à essayer de me soutirer de l'argent. » Sur ce, il est parti.

Je suis allé à bicyclette jusqu'à Saint-Magnus à Little Bletchley pour prendre des empreintes des cuivres. J'aurais bien aimé que tu sois avec moi. À toi, Arthur Potts.

PS : Si je comprends bien, tu as l'intention d'entrer dans l'enseignement. Il me semble que le grand problème, dans l'éducation, c'est de former la perception morale, et non simplement de discipliner les appétits. L'idée s'impose à moi que les progrès futurs de l'espèce humaine résident moins dans un renforcement de la maîtrise de soi que dans une plus grande exigence de la sensibilité. Je serai curieux de savoir quelle aura été ton expérience en la matière. L'aumônier n'est pas d'accord avec moi là-dessus. Il prétend que trop de sensibilité énerve la volonté. Dis-moi ce que tu en penses.

— Qu'en pensez-vous ? demanda Paul en montrant sa lettre à Mr. Prendergast.

— Eh bien, dit celui-ci après l'avoir lue avec intérêt, je crois que votre ami a tort en ce qui concerne la sensibilité. Il n'est pas bon de faire fond sur ses sentiments en aucune chose, vous ne croyez pas ?

— Je voulais dire au sujet de l'argent.

— Bonté divine, Pennyfeather ! J'espère bien que vous n'avez pas le moindre doute là-dessus ! Il faut accepter sans hésiter, bien sûr !

— C'est assez tentant, en effet.

— Mon cher ami, ce serait un péché de refuser. Vingt livres ! C'est un demi-trimestre de mon salaire.

La cloche du thé résonna. À table, Paul tendit la lettre à Grimes.

— Je prends les vingt livres ? demanda-t-il.

— Hein ? Quoi ? Je l'espère bien, mon fils.

— Je n'en suis pas si sûr.

Paul y pensa pendant toute l'étude, tout le temps qu'il mit à s'habiller pour le dîner et tout le dîner. Ce fut une vraie tempête sous son crâne, mais sa formation finit par l'emporter.

— Si je prends l'argent, se dit-il, je ne saurai jamais si j'ai bien fait ou non. Cela me restera toujours sur le cœur. Si je le refuse, je serai sûr d'avoir bien fait. L'abnégation sera nourriture exquise pour mon amour-propre : en refusant, je puis me convaincre qu'en dépit de toutes les choses incroyables qui me sont advenues depuis dix jours je suis toujours ce même Paul Pennyfeather que je respecte depuis si longtemps. Ce sera la pierre de touche de l'indestructibilité de mes idéaux.

Ce soir-là, dans le bar de Mrs. Roberts, il s'efforça d'expliquer un peu de ce qu'il ressentait à Grimes :

— Je crains que vous ne trouviez mon attitude assez difficile à comprendre, lui dit-il. Je pense que c'est surtout affaire d'éducation. Il y a toutes sortes de raisons pour que je prenne cet argent. Le quidam est immensément riche. S'il le garde, il le dépensera au jeu ou à quelque débauche. Par le fait de son maudit dîner, j'ai subi un préjudice irréparable : mon avenir tout entier est brisé. J'ai perdu cent vingt livres par an de bourses et une pension annuelle de deux cent cinquante livres. De quelque façon qu'on raisonne, cet argent m'appartient bel et bien. Mais... il y a mon honneur. Depuis des générations, les gens de la bourgeoisie britannique se disent des *gentlemen*, ce qui revient à dire, entre autres choses, qu'ils revendiquent l'honneur de mépriser les petits avantages irréguliers que l'on peut retirer de la vie. C'est proprement cette qualité qui distingue le gentleman de l'aristocrate ou de l'artiste. Je n'y puis rien : c'est inné. Je ne peux pas prendre cet argent.

— Je suis un gentleman aussi, mon vieux, dit Grimes, et j'avais prévu votre réaction. C'est pourquoi j'ai fait ce qu'il fallait pour vous sauver de vous-même.

— Qu'est-ce à dire ?

— Ne vous fâchez pas, je vous en prie : tout de suite après le thé, je suis descendu à la poste et j'ai expédié un télégramme à votre ami Potts : *Dites à Trumpington d'envoyer l'argent vite fait. Signé Pennyfeather.* Je vous fais grâce du shilling du télégramme jusqu'à ce que l'argent arrive.

— Misérable ! s'écria Paul en sentant déferler en lui une grande vague de satisfaction. C'est ma tournée !

— Non, la mienne, dit Grimes en faisant claquer ses doigts.

— À l'indestructibilité des idéaux ! dit Paul en levant son verre.

— Dis donc, tu ne serais pas Démosthène par hasard ? À la tienne mon vieux !

Deux jours plus tard, une autre lettre d'Arthur Potts arriva :

Cher Pennyfeather,

Tu trouveras ci-joint le chèque de Trumpington. Je suis heureux d'en avoir fini avec cette affaire. Je ne prétends pas comprendre ton attitude, mais bien sûr tu es seul juge.

Stiggins va faire une communication à l'Union des Étudiants chrétiens sur « le refoulement sexuel et l'expérience religieuse ». On s'attend au pire, car tu sais quelle importance Walton attache à la mysticité, dont Stiggins, à mon sens, fait trop bon marché. À toi, Arthur Potts.

*Article très intéressant dans l'*Educational Review *sur les nouvelles méthodes employées à la High School d'Innesborough pour améliorer la coordination sensorielle. On met de petits objets dans la bouche des enfants et on les leur fait dessiner à la craie rouge au tableau noir. As-tu essayé avec tes élèves ? Je t'envie les possibilités qui s'ouvrent à toi. Tes collègues sont-ils éclairés ?*

— Le dénommé Potts m'a tout l'air d'un fameux crétin, dit Grimes après avoir lu la lettre. Aucune importance, nous avons la marchandise. Que dirais-tu d'une bonne bringue ?

— J'allais le dire. Je voudrais inviter Prendy aussi.

— Bonne idée. C'est vraiment ce qu'il lui faut. Il a une sale gueule depuis quelque temps. Si nous allions au Métropole de Cympryddyg ? Il faudra attendre que le vieux se carapate, sinon il verrait qu'il n'y a personne de garde.

— Sans rire, Pennyfeather ? dit Mr. Prendergast un peu plus tard dans la journée. C'est vraiment très chic de votre part. Je ne sais que répondre. Je serais ravi, bien sûr. Je ne me rappelle pas avoir dîné au restaurant. En tout cas pas depuis la guerre, c'est sûr. Ce sera fameux. Vous me comblez, mon jeune ami.

À la grande confusion de Paul, une larme perla dans chacun des yeux de Mr. Prendergast et coula de chaque côté de son nez.

7. Philbrick

Ce matin-là, juste avant le déjeuner, le temps parut s'éclaircir enfin et avant deux heures le soleil se montra. Ce fut la raison de l'une des rares apparitions du Dr. Fagan au réfectoire. À sa vue, tout le monde s'arrêta de manger et posa couteau et fourchette.

— Mes amis, dit le docteur en faisant circuler un regard bénin, j'ai quelque chose à vous annoncer. Clutterbuck ! Veuillez cesser de mastiquer quand j'adresse la parole à toute l'École ! Les manières laissent à désirer, Mr. Prendergast. Je compte sur les *prefects* pour y remédier. Mes amis, notre grande manifestation sportive aura lieu sur les terrains demain. J'ai nommé les championnats de l'École. Vous savez tous qu'ils n'ont malheureusement pas pu avoir lieu l'année dernière à cause de la grève générale. Mr. Pennyfeather qui, nul ne l'ignore, est lui-même un athlète distingué, sera responsable de l'entière organisation de ces jeux. Les éliminatoires se dérouleront cet après-midi. Tous les élèves doivent obligatoirement s'inscrire dans toutes les compétitions. La comtesse de

Salvage a aimablement consenti à remettre les prix aux heureux gagnants. Mr. Prendergast est nommé juge-arbitre et le capitaine Grimes chronométreur. Je serai en personne présent demain pour les finales. Ce sera tout. Je vous remercie de votre attention Mr. Pennyfeather, je vous prie de me faire l'honneur de passer dans mon bureau quand vous aurez fini de déjeuner.

— Dieux ! souffla Paul.

— Il y a deux ans, j'ai gagné le saut en longueur, lui dit l'élève Briggs. Ils ont tous prétendu que c'était parce que j'avais des souliers à pointes. Vous portez des souliers à pointes, *sir* ?

— Obligatoirement, dit Paul.

— Ils ont tous dit que c'était pas juste. C'est malheureux, on n'est jamais prévenu à l'avance de la date des championnats. On ne peut pas s'entraîner.

— Ma mère doit venir me voir demain, dit Beste-Chetwynde. C'est bien ma veine, j'allais faire le mur cet après-midi.

Après déjeuner, Paul se rendit dans le bureau du docteur, qu'il trouva dans un état de grande surexcitation organisatrice.

— Ah, c'est vous, Pennyfeather ! Entrez donc. Qu'est-ce que je disais ? Ah, oui, Florence, téléphone donc aux Clutterbuck de venir, et aux Hope-Brown. Les Warrington habitent trop loin, mais essaye-les quand même, ainsi que le pasteur, bien sûr, et le vieux colonel Sidebotham. Plus il y a de fous et plus on s'amuse !... Et toi, Diane, tu t'occuperas du goûter. Cette fois, je veux des sandwichs au foie gras. L'autre fois, tu te souviens, la chair à saucisses a fait vomir Lady Bunyan. Et des gâteaux, beaucoup de gâteaux surglacés de toutes les couleurs, que tu iras à Llandudno acheter en voiture... Philbrick, je veux un punch au champagne glacé et vous aiderez les hommes à dresser la marquise. Et les drapeaux, Diane, il doit en rester ?

— J'ai fait des torchons avec, dit Dingy.

— Tu en achèteras d'autres. J'entends ne reculer devant aucun sacrifice. Pennyfeather, vous établirez les résultats des éliminatoires avant quatre heures et vous les téléphonerez à l'imprimeur en lui disant de livrer les programmes demain matin. Cinquante exemplaires suffiront, aux couleurs de l'École avec l'écusson doré. Il faudra aussi des fleurs, Diane, des débauches de fleurs. Je vois les prix exposés au milieu des fleurs. Penses-tu qu'un bouquet pour lady Salvage...

— Non, dit Dingy.

— Tais-toi ! Un bouquet est indispensable. Les fêtes sont rares dans la paix studieuse de Llanabba, mais quand elles tombent, je veux de la dignité et du bon goût. Ce sera un bouquet immense, au parfum d'hospitalité. Tu vas me trouver le bouquet le plus somptueux que le Pays de Galles soit capable de produire. Compris ? Les fleurs, la jeunesse, la sagesse, le scintillement des bijoux, la musique…

L'imagination du docteur s'élevait à l'empyrée sous l'aiguillon des mots : « La musique… Il faut un orchestre. »

— Et pourquoi pas un feu d'artifice ?

— *Et* un feu d'artifice ? Et une nouvelle cravate pour Mr. Prendergast ! Vous n'avez pas remarqué sa tenue minable ?

— Tu vas trop loin, p'pa. Va pour les fleurs et les pétards, mais quant à la cravate, je dis non.

— Tu as raison, ma fille. Mais la musique, ah, j'y tiens. Il paraît que la Clique d'Argent de Llanabba a remporté le troisième prix à l'Eistedfodd il y a un mois. Tu les contacteras, Flo. Je crois que c'est Davies le chef de gare qui les dirige. Les Clutterbuck viennent ?

— Tous les six.

— Parfait. Et puis, il y a la presse. Il faut téléphoner au *Flint & Denbigh Herald Tribune* qu'il nous envoie un photographe, ce qui veut dire qu'il faudra du whisky. Philbrick, vous y veillerez. Je me rappelle que l'autre fois j'avais négligé d'offrir du whisky à ces messieurs de la Presse et il en est résulté une photographie tout à fait malencontreuse. Ah ! ces garçons ! C'est incroyable les positions indélicates qu'ils arrivent à prendre pendant les courses d'obstacles !… Ah ! les prix : Diane, tu ferais mieux d'emmener

Grimes avec toi à Llandudno pour acheter les prix. Mais halte-là, pas d'extravagance ! Cela donne une fausse idée du sport aux jeunes. Je me demande si lady Salvage accepterait de ceindre les gagnants d'une couronne de persil. Le persil a l'avantage d'être à la fois bon marché et résistant. Toujours sur le chapitre des prix, vous veillerez, mon cher Pennyfeather, à ce qu'ils soient équitablement répartis. Je ne veux pas qu'un élève gagne plus de deux compétitions. Ce ne serait que justice si le petit lord Coney gagnait quelque chose, puisque sa mère présidera à la remise des prix. Mettez aussi quelque chose de côté pour Beste-Chetwynde, dont la mère doit venir aussi. Je m'excuse d'un si bref préavis. C'est ce matin même que j'ai appris que lady Salvage se proposait de nous rendre visite demain, et comme Mrs. Beste-Chetwynde était également annoncée pour demain, l'occasion était trop belle. Il est si rare que les visites de deux parents aussi importants viennent à coïncider. Vous la connaissez, n'est-ce pas ? C'est l'honorable Mrs. Beste-Chetwynde, belle-sœur de lord Pastmaster, une femme richissime qui nous vient d'Amérique latine. On dit qu'elle a empoisonné son mari, et bien sûr le petit Beste-Chetwynde n'est pas au courant. L'affaire n'est pas allée jusqu'aux tribunaux, mais on en a beaucoup parlé en son temps. Vous vous rappelez peut-être ?

— Non, dit Paul.

— Du verre pilé, murmura Flossie, dans son café.

— Du café turc, dit Dingy.

— Au travail, mes enfants ! clama le docteur. Nous avons tous de grandes choses à faire.

La pluie avait repris quand Paul et Mr. Prendergast atteignirent les terrains de sports. Les élèves les attendaient par petits groupes, claquant des dents, les genoux bleuis par le froid. Clutterbuck était déjà tombé dans la boue et pleurait paisiblement derrière un arbre.

— Comment allons-nous les répartir ? dit Paul.

— Je n'en ai pas la moindre idée, dit Mr. Prendergast. Franchement, je regrette fort d'être mêlé à cette histoire.

Philbrick arriva, à l'abri d'un manteau et d'un chapeau melon.

— Miss Fagan vous fait dire qu'elle regrette, mais elle a fait du petit bois avec les haies et les piquets de saut. Elle pense qu'elle pourra en louer demain matin à Llandudno, mais le docteur dit qu'aujourd'hui vous devez vous débrouiller sans. Moi j'ai mon compte avec cette satanée tente.

— Les sports, c'est pire que les concerts, dit amèrement Mr. Prendergast. Au moins les concerts ont lieu sous couvert. Ah ! mon Dieu, je vais être trempé ! Si j'avais su, j'aurais fait ressemeler mes bottines.

— Si vous voulez bien, *sirs*, dit Beste-Chetwynde, on ne pourrait pas commencer ? Nous allons attraper la crève !

— Ce ne serait pas une mauvaise idée, dit Paul. Qu'est-ce que vous voulez faire ?

— Vous nous répartissez en séries et vous nous faites courir.

— Très bien ! Mettez-vous en quatre groupes.

Cela prit du temps.

— La première course sera courue sur une distance d'un mille, dit Paul. Prendy, vous vous en occupez ? Pendant ce temps-là, je vais aller voir avec Philbrick si je ne peux pas trouver quelque chose pour les sauts.

— Mais qu'est-ce que je dois faire ? gémit Mr. Prendergast.

— C'est bien simple : vous n'avez qu'à faire courir chaque groupe d'ici au château et retour et prendre les noms des deux premiers de chaque groupe.

— Je vais essayer.

Paul et Philbrick entrèrent dans le clubhouse ensemble.

— Moi, un maître d'hôtel, obligé de monter des tentes, comme un crouya !

— Cela vous fera un petit changement.

— Ça m'a déjà bien changé de faire le maître d'hôtel ! Je vous prie de croire que je n'étais pas fait pour être domestique.

— Je n'en doute pas.

— Vous vous demandez peut-être comment j'ai fait pour échouer ici ?

— Pas le moins du monde ! Je ne veux rien savoir de vous, vous m'entendez ?

— Je vais vous le dire. Ça s'est passé comme…

— Je ne veux pas entendre un seul mot de votre ignoble confession, vous avez compris ?

— Ce n'est pas une ignoble confession, c'est une histoire d'amour. C'est même la plus belle histoire d'amour que je connaisse. Vous avez dû entendre parler de Sir Solomon Philbrick ?

— Jamais.

— Quoi ! Jamais entendu parler de ce bon vieux Solly Philbrick ?

— Jamais au grand jamais. Pourquoi ?

— Parce que c'est moi. Et j'ajouterai que c'est un nom passablement connu sur toute la rive droite de la Tamise. Vous n'avez qu'à mentionner Solly Philbrick, de *la Croix et la Bannière*, n'importe où de Waterloo Bridge à l'Old Kent Road, et vous verrez ce que c'est que la gloire. Essayez un peu, vous verrez.

— Je ne suis pas pressé.

— Notez bien que quand je dis Sir Solomon Philbrick, c'est histoire de rigoler un peu. C'est les gars qui m'appellent comme ça. Parce qu'en fait, je ne suis que Mr. Solomon Philbrick, comme vous et comme l'autre, fit-il avec un mouvement de son pouce vers les terrains où l'on entendait la voix plaintive de Mr. Prendergast supplier : « Vous êtes prêts ? Partez !... Pourquoi ne partez-vous pas ? » et les concurrents répondre par un concert de lazzis et de protestations.

— Ce n'est pas, poursuivit Philbrick, que j'aie toujours joui de mon aisance actuelle. J'ai été élevé à la dure, moi, vous savez. Jamais entendu parler de Kid Philbrick ?

— Encore moins que du bon vieux Solly.

— Évidemment, je suis bête : c'était avant votre temps. Un bon petit plume, Kid Philbrick. N'a jamais fait la tête d'affiche, rapport qu'il levait trop souvent le coude et qu'il avait les bras un peu courts. N'empêche qu'il faisait ses cinq livres par combat au Stadium de Lambeth, près du palais de l'évêque. La coqueluche des connaisseurs, je vous dis, même s'il arrivait tellement bourré qu'il fallait le soutenir pendant la présentation. C'était mon vieux. Sur le ring il n'aimait pas trop les coups, mais à la maison c'était un vrai battant. Pour un oui pour un non il te descendait ma mère et la faisait pavoiser malgré sa fausse garde. Elle l'a fait condamner plusieurs fois, mais il avait ça dans le sang. Des comme lui, on n'en fait plus beaucoup, avec l'instruction obligatoire et le whisky au prix que vous savez. Kid a tout fait pour me lancer dans la boxe. J'allais encore à l'école que je gagnais déjà deux shillings par semaine à tenir l'éponge le samedi soir. C'est là que j'ai fait la connaissance de Toby Cruttwell. Connaissez pas, sans doute ?

— Mille regrets ! Les sportsmen, moi, vous savez !

— Toby Cruttwell un sportsman ? Ça c'est la meilleure ! Toby Cruttwell, le gonze qui a fait les Diamants Buller en 1912 et le coup de l'Amalgamated Steel en 1910 et les casses de l'Île de Wight en 1914, un sportsman ? Savez pas ce qu'il a fait à Alf Larrigan qui avait essayé de lui barboter une de ses gonzesses ? Vais vous le dire. À l'époque, Toby avait à la traîne un toubib du nom de Peterfield. Cabinet dans Harley Street, clientèle huppée. Seulement, Toby connaissait une histoire sur son compte depuis qu'il avait laissé claquer une autre de ses gonzesses qui voulait pas l'embêter avec un moutard. Alors, ce toubib, fallait bien qu'il fasse ce que disait Toby, pas vrai ?

— Probable.

— Mais n'allez pas croire que Toby ait fait zigouiller Alf. Ce n'était plus son genre depuis les Dardanelles qu'il avait fait rougir de sang turc en gagnant sa Victoria Cross. Non, il l'a simplement fait opérer par le Dr. Peterfield, qui…

— Deuxième série, préparez-vous. Si vous ne partez pas quand je dirai *partez*, vous serez tous disqualifiés. Vous êtes prêts ? *Partez.*

— … lui a tout simplement fait passer le goût et surtout l'usage des gonzesses pour le restant de ses jours. En un sens, vous n'aviez pas tort, c'était du sport, ha, ha, ha ! Eh bien, à nous deux Toby, on a travaillé ensemble pendant cinq ans. J'étais avec lui à la Steel et aux Diamants Buller. Évidemment, il prenait soixante-quinze pour cent, vu qu'il était mon aîné, mais c'était pas vilain quand même. On ne s'est séparés que juste avant la guerre. Il est resté dans les coffres-forts et moi j'ai repris *la Croix et la Bannière* dans Camberwell Green, une bonne maison avant la guerre et encore maintenant la meilleure du coin, et c'est moi qui vous le dis. Plus tout à fait comme avant, mais je me plains pas. D'ailleurs, j'ai mon cinéma juste à côté. N'avez qu'à dire que vous venez de ma part et vous aurez une place à l'œil.

— Très aimable, merci.

— De rien. Bon, après, il y a eu la guerre, Toby a eu sa Victoria Cross à Gallipoli et s'est rangé. C'est maintenant le major Cruttwell, V. C., M. P., député conservateur d'un petit bled sur la côte sud. Et moi, ma vieille m'a remplacé au comptoir. Vous avais pas dit que je m'étais marié ? Un beau brin de fille à l'époque, mais elle a vite pris du lard, comme c'est assez fréquent dans la limonade. Après la guerre, ça reprenait plutôt mal et ma femme a pas tardé à casser sa pipe. J'ai cru d'abord que ça me serait plutôt égal, vu toute cette graisse et ses pantoufles qu'elle traînait du matin au soir ; mais au bout de quelque temps, passé les émotions de l'enterrement et que tout était si calme, j'ai commencé à me faire du mauvais sang. J'en arrivais même à lire les journaux. Avant, ma femme me lisait les endroits qui l'intéressaient, et j'écoutais ou j'écoutais pas, bien entendu. Dans les crimes, elle lisait que les assassinats qui m'ont jamais intéressé. Après, moi, je lisais tous les faits divers et je visionnais même mes films quand c'étaient des histoires genre pieds-nickelés. Je dormais pas bien, je passais mes nuits à penser au vieux temps. J'aurais pu me remarier et sans me vanter pratiquement avec qui je voulais. Mais ça ne m'intéressait pas.

« Un samedi soir, je suis allé faire un tour au bar. J'avais pris un gérant et j'y allais de temps en temps fumer un cigare et payer une tournée. Un type comme moi, avec sa boutonnière et sa chevalière, ça vous pose un bar et ça vous encourage les autres. Ce soir-là j'étais donc dans le saloon quand qui croyez-vous que j'aperçois dans un coin ? Jimmy Drage, un copain du temps de Toby. J'avais jamais vu un homme à l'air si dégoûté. Je décide d'y aller mollo, vu que je savais pas ce qu'il pouvait avoir derrière la tête :

« — Salut Jimmy, que je lui dis. On se voit plus. Comment va ?

« — Moche, me répond Jimmy. Je viens de foirer.

« — Quel genre ?

« — Un enlèvement.

« — Raconte-moi ça.

« — Tu connais un type qui s'appelle lord Utteridge ?

« — Celui qui a fait installer tout un système de protection électrique ? Utteridge House, Belgrave Square ?

« — Tu y es. Eh bien, ce fumier a un fils, un sale petit môme d'une douzaine de piges qui allait juste partir en pension et que j'avais depuis longtemps à l'œil vu qu'il est fils unique et que son père est plein aux as. J'ai d'abord fini le coup que je préparais et puis je me suis occupé du petit lord Fauntleroy. C'était du cousu main. Il y avait un garage pas loin dans les *mews*, où le môme allait tous les matins regarder bricoler les mécaniques. Il en était dingue. Je m'amène donc avec mon side-car faire mon plein d'essence et le petit mec s'approche avec son air méchant. « Ta moto, c'est du toc », me fait-il. « De quoi ? Je la vendrais pas pour cent livres. Elle a gagné le Grand Prix de Boulogne-sur-Mer. – Tu parles ! Je te parie qu'elle fait pas du cinquante dans les descentes. – Tu veux que je te montre ? Viens, je t'emmène. » Tu penses qu'il ne se fait pas prier : hop, le v'là dans le side. Dix minutes après, il était bouclé là où c'était prévu. J'écris à son père, et en attendant je laisse le gosse bricoler ma moto pour passer le temps. Heureux comme un roi qu'il était, mais au bout de deux jours j'avais plus de moto. Passons, parce qu'au total ça ne marchait pas mal. Jusqu'à la réponse du vieux lord. Tu me croiras pas, mais il voulait rien savoir, lui qu'était propriétaire de bateaux et de mines assez pour racheter la Banque d'Angleterre. Il m'était très obligé pour tout le mal que je m'étais donné, que son plus cher désir était enfin réalisé et qu'il avait maintenant tout pour être heureux ; mais qu'il ne se souvenait pas de m'avoir donné des instructions et ne s'estimait pas tenu de payer pour le service rendu et demeurait mon fidèle serviteur.

« J'avais bonne mine. J'ai bien essayé d'écrire encore une ou deux fois mais j'ai plus eu de réponse. Quand j'ai vu que l'affreux ne savait pas remonter ma moto, je lui ai dit de filer.

« — T'as pas eu l'idée de lui arracher deux ou trois dents et de les envoyer à son vieux ? dis-je à Jimmy.

« — J'y ai pensé, mais je l'ai pas fait.

« — Tu l'as pas forcé à écrire des lettres à faire pleurer Landru ?

« — Il a pas voulu.

« — Tu lui as pas coupé un doigt pour aller le déposer dans la boîte aux lettres ?

« — Tu sais bien que je tourne de l'œil à la vue du sang.

« — Mon vieux Jimmy, tu mérites pas de réussir.

« — Ça va, Solly. T'es en retraite depuis dix ans. Les choses ont changé.

« Il fallait que je sois drôlement sonné à l'époque, mais ce qu'il m'avait dit là m'a fait réfléchir. Je lui dis :

« — Je te parie ce que tu voudras que je fais le même coup comme une fleur, et avec le gosse que tu voudras. « Tenu ! » dit Jimmy et il ouvre un journal : « Le premier type qu'on trouve qui a un fils unique — D'accord. » On n'a pas eu loin à aller pour tomber sur une photo de lady Salvage avec son fils unique, lord Coney, aux courses de Warwick. « Le v'là, ton petit cobaye », dit Jimmy et voilà pourquoi je suis ici.

— Comment ? dit Paul épouvanté. Pourquoi m'avez-vous raconté cette monstrueuse histoire ? Vous pouvez être sûr que je vais aller à la police !

— Vous faites pas de sang, dit Philbrick. C'est annulé. Jimmy a gagné le pari. C'était avant que je rencontre Dinah.

— Dinah ?

— Miss Diane. Je l'appelle Dinah, comme dans la chanson. Dès que je l'ai vue, j'ai senti que c'était fini. Il y a une autre chanson là-dessus. Cette fille-là aurait fait un saint de Jack l'Éventreur.

— Vous en pincez pour elle, dites !

— Pour elle, je traverserais l'eau et le feu. Elle n'est pas heureuse ici. Son père la traite comme une esclave. J'en arrive à penser qu'elle ne m'épouse que pour partir d'ici.

— Vous allez vous marier ?

— Nous avons décidé la chose jeudi dernier. On se fréquente depuis quelque temps déjà. C'est mauvais pour une fille d'être cloîtrée comme ça, sans jamais voir un homme. Dans l'état où elle était avant que j'arrive, elle serait partie avec n'importe qui. Toujours au turbin du matin au soir, son seul plaisir : éplucher les factures et renvoyer les domestiques qui d'ailleurs n'attendent jamais la fin du premier mois pour se tailler. C'est une fille de tête, une vraie femme d'affaires. Juste ce qu'il me faut pour *la Croix et la Bannière*.

« Et puis, un jour elle m'a entendu au téléphone donner des instructions à mon gérant du cinéma. Ça l'a fait réfléchir. J'étais censément un prince déguisé ! C'est elle qui a voulu qu'on se marie. Moi, j'avais pas le front de lui demander, vu que j'étais maître d'hôtel. Ce que j'avais l'idée de faire, c'était de revenir un jour en voiture avec ma boutonnière et ma chevalière et de l'enlever. Mais il n'y a pas lieu. C'est beau, l'amour !

Philbrick s'arrêta, ne pouvant plus contenir son émotion. La porte du clubhouse s'ouvrit et Mr. Prendergast entra.

— Alors, demanda Paul, comment vont les compétitions ?

— Plutôt mal, dit Mr. Prendergast.

— C'est fini ?

— J'en ai l'impression. Aucun des élèves n'est revenu de la première série. Ils ont tout simplement disparu. Je suppose qu'ils avaient envie de se changer. Ils étaient trempés, il faisait un froid de canard. Mais ce n'est pas très drôle de donner le départ série sur série et de ne jamais voir personne revenir. Cela devait être comme ça quand les officiers envoyaient les troupes à l'assaut.

— Le mieux, c'est de rentrer nous changer aussi.

— Volontiers. Quelle journée !

Dans la salle des professeurs, ils retrouvèrent Grimes.

— Je rentre à l'instant de la ville lumière de Llandudno, dit-il. Faire du shopping avec Dingy n'est pas digne d'un *public school man*. Et vos éliminatoires ?

— Il n'y en a pas eu, dit Mr. Prendergast.

— Tant mieux. Laissez-moi faire. Depuis le temps ! On arrange ça entre soi, au coin du feu. Mais il faut se dépêcher si on veut que les résultats tombent à temps.

Avec une feuille de papier et un bout de crayon, Grimes organisa le programme.

— Qu'en pensez-vous ?

— Clutterbuck se taille la part du lion.

— C'est un bon petit athlète. Surtout, il saute très bien. Téléphone-moi ça tout de suite à l'imprimerie et ce sera prêt demain matin.

8. Les sports

Hasard providentiel : il ne plut pas de tout le lendemain. Les classes du matin terminées, chacun se mit sur son trente et un. Le Dr. Fagan apparut en jaquette gris perle et pantalon rayé, plus jeune premier que jamais, avec une vivacité d'allure et une souplesse dans la démarche que Paul ne lui avait encore jamais vues. Flossie portait une robe de laine que sa sœur lui avait tricotée, avec une ceinture de fleurs artificielles roses et vertes, dont la couleur imitait parfaitement le violet de l'encre indélébile sur le papier-buvard. Son chapeau, qui avait récupéré tous les ornements de ses chapeaux précédents, était aussi le fruit de plus d'une bénévole soirée d'hiver de sa sœur. Quant à Dingy, elle portait un petit clip en acier représentant un bouledogue. Grimes avait mis un grand col en celluloïd.

— Il fallait bien marquer l'occasion, dit-il ; mais que j'étouffe là-dedans ! Vous avez vu la création de ma fiancée ? Enfoncé Ascot ! Allons vite chez Mrs. Roberts avant que la multitude ne se répande partout.

— Je voudrais bien, mais je suis réquisitionné pour l'inspection générale avec le docteur.

— Amuse-toi bien, vieux. Et à tout à l'heure. Voici venir Prendy dans sa veste arc-en-ciel.

Mr. Prendergast portait un vieux blazer rayé qui sentait fort la naphtaline.

— Je crois savoir que le Dr. Fagan aime assez un peu de tralala les jours de fête, dit-il. Au collège, j'ai fait partie de l'équipe de cricket, encore que ma myopie m'ait empêché de rendre beaucoup de services. Néanmoins, j'ai eu droit au blazer, comme vous voyez.

Et il ajouta, avec une petite note de défi dans la voix :

— Un jour de sports, c'est plus seyant qu'un col dur.

— Sacré vieux Prendy ! dit Grimes. Rien de tel qu'un petit travesti pour réveiller le chien qui dort. J'étais pareil, la première fois que j'ai porté le kaki. Au revoir, messieurs. Je vais chez Mrs. Roberts. Vous venez, Prendy ?

Il n'y croyait pas, mais s'attira cette réponse :

— Bien sûr que oui, Grimes.

Ébahi, Paul les regarda descendre la grande avenue. Puis il se mit à la recherche du Dr. Fagan.

— Savez-vous, mon cher ami, dit le docteur, que je n'arrive pas à comprendre mes propres sentiments ? Aucun spectacle ne m'inspire plus de répugnance qu'une réunion d'athlétisme, si ce n'est un festival de danse folklorique. Si d'autre part il existe deux femmes dont j'exècre la compagnie – et je vous prie de croire qu'il y en a beaucoup plus de deux de par le monde – ce sont Mrs. Beste-Chetwynde et lady Salvage. Pour comble, je viens d'avoir un assaut des plus désagréables avec mon maître d'hôtel qui – le croirez-vous ? – est venu me servir mon déjeuner en tenue de golf moutarde avec un diamant à sa cravate, et qui a répondu à mes réprimandes par je ne sais quelle ridicule histoire de propriétaire de cirque ou de quelconque parc d'attractions. Et cependant, vous me voyez débordant de la joie de vivre. Je n'y comprends rien, vous dis-je ! Ce n'est pas comme s'il s'agissait d'une première : depuis quatorze ans que je suis à la tête de Llanabba, j'ai assisté à six journées de sports et à deux concerts, tous plus désastreux les uns que les autres. Une fois ce fut lady Bunyan qui tomba malade. Une autre, ce fut l'affaire de la photo licencieuse. Une troisième, des parents sans importance avaient amené un molosse qui a grièvement mordu deux des élèves, et l'un de mes maîtres s'est mis à jurer devant tout le monde de façon tellement ordurière que j'ai été obligé de le renvoyer. Il y a encore eu ce concert où les élèves ont refusé de chanter le *God Save the King* pour protester contre le pudding qu'on leur avait servi au déjeuner.

Bref, tous mes efforts pour répandre un peu de joie ont été récompensés par les pires avanies. Et cependant, j'attends chaque nouveau désastre avec un cœur plein d'allégresse. Pennyfeather, je sens que vous allez porter chance à Llanabba. Que dis-je, vous l'avez déjà fait : regardez-moi ce soleil !

En évitant soigneusement les flaques, ils parvinrent aux terrains de sports, où le génie de l'improvisation semblait avoir fait merveille. La marquise était dressée, et Philbrick, toujours en culotte de golf, s'affairait avec trois jardiniers autour des éléments d'une autre tente, plus petite.

— Celle-ci sera pour la Clique, dit le docteur. Philbrick, ne vous avais-je pas dit de vous débarrasser de cet accoutrement ?

— J'ai acheté ce costume neuf et je l'ai payé huit livres quinze, dit le maître d'hôtel. D'ailleurs, je ne peux pas faire deux choses à la fois. Si je vais me changer, qui surveillera l'érection de cette tente ?

— C'est bon : finissez ce que vous faites d'abord. Voyons, voyons, la marquise, c'est pour le goûter des visiteurs ? Allons voir comment Diane se débrouille.

Dingy était bien à son poste sous la marquise, à disposer avec l'aide de deux serviteurs d'innombrables plats de pâtisseries multicolores d'un bout à l'autre d'une immense table à tréteaux. Plus loin, deux autres domestiques découpaient les sandwichs. Comme son père, Dingy avait la situation bien en main :

— Jane, Emily, dit-elle, rappelez-vous que ce beurre doit faire pour trois pains. Allez-y hardiment mais ne le gaspillez pas, et enlevez bien les croûtes. Père, vous voudrez bien veiller à ce que, quand les élèves viendront avec leurs parents, ils soient *seuls*. Vous vous souvenez de la dernière fois, quand Briggs s'est présenté avec quatre camarades dont ce n'était pas le tour : ils ont raflé tous les sandwichs à la confiture et le colonel Loder n'en a pas eu. Mr. Pennyfeather, je vous signale que le punch au champagne n'est *pas* pour les maîtres. D'ailleurs, j'espère que vous serez trop occupé avec les visiteurs pour toucher au goûter avant qu'ils ne soient tous partis. Faites passer au capitaine Grimes. Quant à Mr. Prendergast, je suis bien sûre qu'il ne se conduira pas comme un goinfre, lui.

Devant la marquise, les chaises étaient entassées pêle-mêle avec des palmiers en pot et des arbrisseaux en fleurs.

— Il faudra m'arranger tout cela, dit le docteur. Nos invités seront là dans une heure. Les voitures prendront la pelouse aussitôt après le pont-levis et viendront se garer derrière la marquise. Cela fera une belle toile de fond pour prendre les photos. À ce propos, Pennyfeather, vous voudrez bien rappeler avec tact au photographe de s'occuper davantage de l'Hispano de Mrs. Beste-Chetwynde que de la camionnette de lady Salvage.

— Rien ne paraît avoir été fait pour baliser le terrain, *sir*, remarqua Paul.

— En effet, dit le docteur en se tournant pour la première fois vers le vaste espace herbeux prévu pour servir de théâtre aux exploits des élèves. Vous vous en occuperez, Pennyfeather.

— A-t-on livré les haies, *sir* ?

— Je sais qu'elles ont été commandées. Philbrick, les haies sont-elles arrivées ?

— Oui, dit Philbrick avec un sourire en coin.

— Pourrait-on savoir pourquoi vous ricanez ?

— Venez voir. Elles sont derrière la grande tente.

Paul et le docteur contournèrent la marquise et se trouvèrent devant un tas de grillages de fer en sections d'un mètre de large sur un mètre cinquante de haut, peintes en vert avec des pointes dorées.

— N'y a-t-il pas une erreur ? demanda distraitement le docteur.

— Ça m'en a tout l'air, dit Philbrick.

— Tant pis, nous nous débrouillerons. Est-ce qu'il devrait y avoir quelque chose d'autre ?

— Un poids, un marteau, un javelot, des piquets de saut, des œufs, des cuillers et le mât de cocagne.

— Épreuves terminées, dit le docteur, imperturbable. C'est tout ?

— Il faut un endroit pour courir, dit Paul.

— Je vous ai dit de vous en occuper. D'ailleurs, ils ont tout le parc pour courir. Dites-moi, les séries se sont bien déroulées, hier ?

— À vue de nez.

— Eh bien, continuez. Vous en avez de bonnes, mon ami, à fabriquer des problèmes de toutes pièces. Je ne vous reconnais plus. Vous perdez votre sang-froid. Qu'ils courent jusqu'au goûter. Et n'oubliez pas que plus une course est longue et plus elle prend de temps. Je ne devrais pas avoir à vous rappeler tous ces détails. Les détails, je vous les ai donnés, me réservant comme de juste tout ce qui a trait au *style*. Et justement, j'aimerais que nous ayons un pistolet de starter.

— Celui-ci ferait-il l'affaire ? demanda Philbrick en sortant un énorme revolver d'ordonnance. « Attention, il est chargé ! »

— Mais c'est parfait, dit le docteur. Il n'y aura qu'à tirer au sol. Tout pour éviter les accidents. Vous avez toujours cet objet sur vous ?

— Quand je porte mes diamants.

— J'espère que vous ne les portez pas trop souvent. Jésus Marie ! Qui sont ces gens ?

Une douzaine d'hommes d'aspect ignoble approchaient sur la pelouse. Le front bas, l'œil chafouin, les jambes tortes, ils avançaient en rangs serrés, au demi-trot comme une bande de loups affamés, le regard errant comme pour déjouer les embuscades, la bouche noire et baveuse, la mâchoire pendante, le menton en retrait, serrant sous leurs longs bras simiesques des fardeaux difformes. En apercevant le docteur, la meute hésita, fit halte, puis recula en désordre pour se reformer plus loin, les petits louchant vers l'ennemi entre les épaules des grands.

— Mazette ! s'écria Philbrick. Des échappés de l'asile ! Je tire.

— Du sang-froid ! dit le docteur. Le moindre faux pas peut nous être fatal. Non, ce n'est pas possible, je n'en crois pas mes yeux. De telles créatures n'existent pas.

À l'issue d'un bref conciliabule de têtes et de mains, un homme âgé se détacha du groupe. Il portait une grande barbe noire inculte et, sur ses épaules inégales, une couronne druidique de baies de gui en cuivre.

— C'est pas vrai, c'est mon ami le chef de gare ! s'écria Philbrick.

— Nous sommes la Clique d'Argent que le Seigneur vous bénisse et vous garde ! dit le chef de gare d'une seule traite. La Clique que personne d'autre que deux n'ont pu vaincre à l'Eistedfodd lequel était pour tout le Pays de Galles tenez-vous-le pour dit.

— Je vois, dit le docteur. Je vois... C'est parfait, mon ami. Vous voudrez bien vous retirer avec vos hommes sous la tente que vous voyez là-bas. La plus petite.

— Que nous défilions vous ne voulez pas ? suggéra le chef de gare et de Clique. Plié là nous avons tenez-vous-le pour dit un bien beau drapeau de soie jaune pour nous brodé.

— Non, non, je vous prie, par là, sous la tente.

Le chef s'en retourna prendre conseil. On entendit grogner, japper et hurler comme dans la jungle au lever de la lune, puis l'ancien revint en traînant obséquieusement la jambe de côté.

— Trois livres que vous nous payeriez que vous nous aviez promis.

— Oui, oui, trois livres. Sous la tente !

— Rien ne pouvons jouer sans avoir l'argent d'abord, dit le chef d'un ton résolu.

— Je lui flanque une baffe ? dit Philbrick.

— N'en faites rien, dit le docteur. Vous n'avez pas vécu au Pays de Galles aussi longtemps que moi.

Il sortit son portefeuille dont la vue alluma des lueurs jaunes dans le regard des musiciens. Ils se précipitèrent, tiquant et jacassant.

Le docteur sortit trois billets d'une livre et les donna au chef. « Voilà, Davies, dit-il. Et maintenant vous emmenez vos hommes sous la tente. Qu'ils n'en sortent sous aucun prétexte avant la fin du goûter. »

La Clique se retira et Paul accompagna le docteur dans la direction du château.

— Le caractère gallois mériterait une étude approfondie, dit le docteur, chemin faisant. J'ai souvent pensé écrire une petite monographie sur ce sujet, mais j'y ai renoncé pour ne pas désespérer le village. Les ignorants les croient celtes, grossière erreur ! Ils sont de pure ascendance ibère, puisque ce sont les aborigènes de l'Europe, qui ne survivent qu'au Portugal et au Pays basque. Généralement, les Celtes s'allient assez volontiers avec leurs voisins et les absorbent. Mais, de temps immémorial, les Gallois ont été considérés comme un peuple impur, ce qui leur a permis de conserver leur pureté raciale. Il est rare que leurs fils et filles se marient avec des êtres humains qui ne leur soient pas consanguins. En Galles, il n'y a jamais eu besoin de lois pour empêcher les conquérants de se mêler avec les vaincus. En Irlande, de telles lois étaient une nécessité politique ; mais ici c'est une affaire purement morale. Incidemment, j'espère que vous n'avez pas de sang gallois dans les veines ?

— Pas une goutte, dit Paul.

— J'en étais sûr, mais on ne sait jamais. Un jour, j'ai fait une petite causerie là-dessus à la classe terminale, pour apprendre plus tard que l'un des élèves avait une grand-mère galloise. Il paraît que je lui ai fait beaucoup de peine, à ce pauvre petit. Et pourtant, elle était du Pembrokeshire, ce qui change tout. Il m'arrive souvent de penser que presque tous les désastres de l'histoire d'Angleterre sont plus ou moins imputables à l'influence galloise. Pensez donc à Édouard de Caernavon, premier prince de Galles : quelle vie, Pennyfeather, et quelle mort ! Et puis les Tudors, la dissolution de l'Église, Lloyd George, le mouvement antialcoolique, le Non-Conformisme donnant la main à la concupiscence pour ravager le pays ! Vous pensez peut-être que j'exagère ? J'avoue que j'ai un certain penchant pour la rhétorique.

— Pas du tout, dit Paul.

— Les Gallois, poursuivit le docteur, sont la seule nation du monde qui n'ait jamais produit aucun art graphique ou plastique, aucune architecture, aucun théâtre. Ils chantent, voilà tout. Ils chantent et soufflent dans des instruments argentés. Ils sont faux parce qu'ils ne savent pas distinguer le vrai, dépravés parce qu'ils ne savent pas prévoir les conséquences de leurs vices. Considérons un instant, si vous le voulez bien, les dérivations étymologiques de la langue galloise…

Il fut ici interrompu par un petit garçon hors d'haleine accouru du château. « S'il vous plaît, *sir*, lord et lady Salvage sont arrivés. Ils sont dans la bibliothèque avec miss Florence. Elle m'a envoyé vous le dire. »

— Que les épreuves commencent dans dix minutes, dit le docteur. Cours dire à tes camarades de se changer et de se rendre sur les terrains séance tenante. Je vous parlerai encore des Gallois, Pennyfeather. J'ai beaucoup médité sur eux, et je vois que cela vous intéresse. Venez donc avec moi voir les Salvage.

Flossie leur tenait le crachoir dans la bibliothèque.

— Oui, c'est vrai, la couleur est très jolie, disait-elle. Moi aussi, j'aime les couleurs vivantes. C'est Diane qui me l'a faite. Elle tricote à ravir, mais c'est moi qui avais choisi la couleur, car entre nous elle n'aime que les gris et les marron. Du deuil, quoi ! Ah ! voilà le paternel. P'pa, lady Salvage me disait justement comme ma robe lui plaisait, toi qui dis qu'elle est vulgaire !

Une forte femme d'âge avancé, habillée d'un manteau et d'une jupe de tweed à carreaux et d'un chapeau tyrolien penché sur une oreille, s'avança résolument vers le docteur : « Hello ! dit-elle d'une voix de basse. Comment allez-vous ? Désolés d'être en retard. Salvage a écrasé un idiot de gamin. Oui, Florence et moi nous parlions chiffons. Ah ! être encore assez jeune pour porter ça ! Plus je vieillis et plus je raffole de la couleur. Nous avons toutes les deux les dents longues, n'est-ce pas, Florence ? » Elle soumit le docteur à une poignée de main qui lui arracha un cri de douleur, puis elle se tourna vers Paul :

— Ah ! Ah ! C'est le nouvel assassin à gages du docteur, si je ne me trompe ? J'espère qu'il saura tenir mon crapaud de fils en respect. Comment marche-t-il ?

— Pas mal, dit Paul.

— Racontez pas d'histoires ! C'est un cancre, sinon il ne serait pas ici. Avec lui, il faut cogner, encore cogner et toujours cogner, le tout en pure perte d'ailleurs. Docteur, votre gazon, là dehors, crie misère. Il faut sabler et repiquer, et de toute manière abattre ce cèdre si vous voulez que votre gazon pousse convenablement. J'ai horreur de couper un arbre (c'est comme perdre une dent), mais il faut choisir : l'arbre ou le gazon. Combien payez-vous votre chef jardinier ?

Pendant qu'elle parlait, lord Salvage était sorti de l'ombre et serrait sans grande vigueur la main de Paul. Il avait une longue moustache blonde et de grands yeux glauques qui lui rappelèrent un peu Mr. Prendergast.

— Comment allez-vous ? dit le lord.

— Comment allez-vous ? dit Paul.

— Vous aimez les sports ? Je veux dire les compétitions scolaires ?

— C'est excellent pour les élèves, dit Paul.

— Vous croyez ? Vraiment ? dit le lord, très intéressé. Vous croyez vraiment que cela fait du bien aux élèves ?

— Certainement. Pas vous ?

— Moi ? Oh ! si, je pense aussi ! Très bon pour la santé.

— Et très utile en cas de guerre.

— Vous croyez ? Vraiment ? Qu'il va y avoir la guerre, je veux dire ?

— J'en suis sûr. Pas vous ?

— Oh ! si, c'est certain. Et ce pain affreux, et ces gens qui envahissent vos terres et vous disent ce qu'il faut faire de votre lait et de votre beurre, et qui réquisitionnent vos chevaux ! La dernière fois, ma femme a fait abattre ses hunters plutôt que de les laisser prendre par l'armée. Et toutes ces filles en pantalon dans les fermes ! Qui croyez-vous que ce sera cette fois-ci ?

— Les Américains, dit Paul sans hésiter.

— J'espère bien que non. L'autre fois, nous avons eu des prisonniers allemands dans nos fermes. Cela allait encore. Mais des Américains, jamais ! Ma fille a ramené un Américain à déjeuner l'autre jour, et savez-vous…

— Vous retournez et vous fumez, dit lady Salvage, mais il faut labourer très profond. Vos calcéolaires ont bien donné cette année ?

— Flossie, comment ont donné nos calcéolaires ? dit le docteur.

— Fameusement, dit Florence.

— Je n'en crois rien. Elles n'ont donné nulle part.

— Si nous allions sur le terrain ? suggéra le docteur. Tous ces enfants doivent nous attendre avec impatience.

Tout en devisant de choses et d'autres, le groupe traversa le hall et descendit les marches du perron.

— Votre allée est bougrement humide, dit lady Salvage en reniflant. Vous avez sûrement une canalisation bouchée. Vous devriez regarder du côté des égouts.

— Je n'ai jamais été très fort sur les petites distances, disait lord Salvage. Je suis plutôt long à m'échauffer, mais j'ai été une fois dix-huitième au

Crick à Rugby. À Oxford, de mon temps, on ne prenait pas tellement les sports au sérieux. On était toujours à cheval. Vous étiez à quel collège ?

— Scone.

— Vraiment ? Vous avez dû connaître un jeune neveu de ma femme, Alastair Digby-Vane-Trumpington ?

— Je crois bien, oui.

— Très intéressant. Greta, Mr. Pennyfoot connaît Alastair.

— Vraiment ? Ce jeune homme file un mauvais coton. Il s'est fait flanquer vingt livres d'amende l'autre jour, m'a dit sa mère qui a l'air d'en être toute fière, l'idiote. Si mon frère avait vécu, il aurait dressé son chiot mieux que ça. Il faut un homme pour élever un homme.

— Oui, dit lord Salvage avec déférence. Qui avez-vous connu d'autre à Oxford ? Freddy French-Wise ?

— Non.

— Tom Obblethwaite ou le plus jeune des fils Castleton ?

— Non, mais j'avais un excellent ami qui s'appelait Potts.

— *Potts* ! s'écria lady Salvage, qui ne trouva rien à ajouter.

Toute l'École et quelques visiteurs locaux étaient assemblés sur la pelouse. Grimes était seul à l'écart, l'air morose. Mr. Prendergast, le teint vif et la mine réjouie, causait avec le pasteur. À l'arrivée du directeur et de son entourage, la Clique d'Argent entonna *Men of Harlech*.

— Quelle cacophonie ! dit gracieusement lady Salvage.

Le premier *prefect* de l'École s'avança et lui présenta un programme gravé en lettres dorées et orné d'une faveur. Un autre lui offrit une chaise. On s'assit, le docteur au milieu, lady Salvage à sa droite, lord Salvage à sa gauche.

— Pennyfeather, cria le docteur à travers le tintamarre, faites-les donc courir.

Philbrick tendit à Paul un porte-voix. « J'ai trouvé ça dans le *clubaousse*, dit-il, prenez-le, ça fait magistral. »

— Qui est cet homme étonnant ? demanda lady Salvage au docteur.

— C'est le professeur de boxe et le maître nageur. Il a des moyens exceptionnels, vous ne trouvez pas ?

— Première course, cria Paul dans le porte-voix. Moins de seize ans. Quatre cents mètres départ arrêté.

Et il lut la liste des participants préparée par Grimes.

— Que fait Coney dans cette course ? dit lady Salvage. Il n'est pas capable de courir dix mètres.

La Clique s'arrêta de jouer. Paul reprit son porte-voix.

— Le parcours commence ici, contourne le bouquet d'ormes…

— de hêtres, corrigea lady Salvage d'une voix de stentor.

— … pour arriver devant le kiosque à musique. Starter, Mr. Prendergast. Chronométreur, captain Grimes.

Mr. Prendergast s'avança en sautillant, le revolver à la main :

— Je dirai : *Êtes-vous prêts ? Un, deux, trois*, et je tirerai un coup, dit-il. Êtes-vous prêts ? Un…

Il y eut une détonation assourdissante. « Mon Dieu, excusez-moi… », bredouilla Mr. Prendergast. Mais les partants étaient partis, sauf Coney, qui pleurait assis dans l'herbe, blessé au pied par la balle de Mr. Prendergast. Philbrick l'enleva prestement et le porta hurlant jusqu'à la marquise, où Dingy lui enleva son soulier. Il souffrait d'une petite égratignure au talon. Elle lui donna une grosse tranche de gâteau et il sortit bientôt en boitant, salué par la considération générale.

— Il n'en mourra pas, dit lady Salvage. Mais vous devriez récupérer le revolver de ce vieux schnock avant qu'il ne tue quelqu'un.

— Je savais bien que cela arriverait, dit lord Salvage. Forcément.

— Un début plutôt malheureux, reconnut le docteur.

— Est-ce que je vais mourir ? dit Coney, la bouche pleine.

— Nom de Dieu, occupe-toi de Prendy, souffla Grimes à l'oreille de Paul. Il est soûl comme un lord, et il n'a bu qu'un whisky.

— À moi le premier sang ! dit joyeusement Mr. Prendergast.

— Le départ est annulé, annonça Paul. On recommence, deuxième départ immédiat. Starter : Mr. Philbrick. Chronométreur : Mr. Prendergast.

— À vos marques, préparez-vous, dit Philbrick.

Cette fois, le coup partit en l'air et les six petits garçons s'élancèrent dans la boue, disparurent derrière les hêtres et revinrent à une allure beaucoup plus modérée.

Le capitaine Grimes et Mr. Prendergast tendirent entre eux un ruban.

— Bien couru, les gars ! s'écria le colonel Sidebotham. Belle course, quoi !

— Bien jugé, colonel, dit Mr. Prendergast en lâchant le ruban et en se précipitant vers l'officier. Je vois que vous êtes fin juge de courses, *sir* ! Je l'ai été aussi en mon temps. Grimes l'est aussi. Un type épatant, Grimes. Épateur aussi, mais épatant tout de même. Cela peut arriver, n'est-ce pas, colonel ? Je dirai même que les types épatants sont presque toujours des épateurs. Qu'en dites-vous, colonel ? Cessez donc de me tirer par le bras, Pennyfeather ! Le colonel Shybottom et moi sommes en train de faire l'anatomie des épateurs.

Comme la Clique avait entonné encore une fois un air, Mr. Prendergast esquissa un pas de gigue en faisant claquer ses doigts et en répétant : « Épatant ! Épatant ! »

Paul le conduisit vers la marquise.

— Dingy a besoin de votre aide. Et pour l'amour de Dieu, ne sortez pas de là avant d'avoir retrouvé vos esprits.

— Je n'ai jamais eu autant d'esprit de ma vie, s'indigna Mr. Prendergast. Épatant ! Épatant !

— Cela ne me regarde pas, dit le colonel, mais je ne serais pas étonné si cet homme avait bu un verre de trop.

— Tout à l'heure, dit le pasteur, il m'a parlé avec beaucoup d'émotion d'une sorte d'appareil à chauffer les églises à Worthing et du statut apostolique de l'Église d'Abyssinie. J'avoue que j'avais du mal à le suivre. Il a l'air de s'intéresser beaucoup aux églises. Êtes-vous sûr qu'il n'a pas la tête de travers ? Au cours de mes longues années de sacerdoce, j'ai mainte et mainte fois pu constater que la curiosité des laïques envers les choses de l'Église n'était souvent qu'un prélude à la folie.

— Il est ivre, tout simplement, dit le colonel. Je me demande où il a bien pu trouver… Moi-même, je ne dirais pas non à un bon whisky.

— Quatre cents mètres *open*, annonça le porte-voix.

Mais la famille Clutterbuck arrivait. Père et mère, aussi corpulents l'un que l'autre, traînaient derrière eux deux enfants en bas âge, une gouvernante et un fils adulte qui tirait sur son père. Tous semblaient heureux de se dégourdir les jambes.

— Voici Sam, dit Mr. Clutterbuck. Il vient de terminer ses études à Cambridge et je l'ai pris avec moi. Je me suis permis aussi d'amener les moutards à qui je dois une récompense. J'espère que vous n'y voyez pas d'inconvénient, Doc. Et voici enfin, *last but not least*, ma femme.

Le Dr. Fagan les accueillit avec une condescendance aimable et leur trouva des sièges.

— Vous avez malheureusement raté toutes les épreuves de saut, dit-il. Mais j'ai ici les résultats : vous voyez que Percy s'est très bien comporté.

— J'aurais pas cru que le gamin savait sauter. Tu te rends compte, Martha ? Percy a gagné le saut en hauteur, et le saut en longueur. Faut croire qu'il saute de long en large, ce petit ! Et vous, lady Salvage, qu'a fait votre jeune homme ?

— Mon fils s'est blessé au pied, dit la grande dame avec aigreur.

— Ce n'est pas grave, j'espère ? Il s'est tordu la cheville en sautant ?

— Vous ne parlez que de sauter ! Non, il a été tiré comme un lapin par un des maîtres. Merci tout de même.

— Trois milles *open*, annonça Paul. La course en six tours sera courue comme précédemment.

— À vos marques, attention, préparez-vous…

Encore une fois, Philbrick réussit un départ impeccable.

— P'pa, dit Flossie, ne croyez-vous pas qu'il serait temps de s'arrêter pour goûter ?

— Mrs. Beste-Chetwynde n'est pas encore arrivée, dit le docteur.

Les tours se succédaient dans la boue tandis que la Clique débitait de la musique sacrée.

— Dernier tour ! annonça Paul.

Toute l'assistance s'assembla autour du ruban pour acclamer le vainqueur. Clutterbuck, chaleureusement encouragé, arriva nettement en tête.

— Bien couru, petit gars ! Bravo, hourra ! s'écria le colonel Sidebotham.

— Sacré Percy ! De mieux en mieux ! dit Mr. Clutterbuck.

— Bien couru, Percy ! crièrent les petits Clutterbuck sous l'injonction de leur gouvernante.

— Il a triché, dit lady Salvage. Je l'ai vu : il n'a fait que cinq tours !

— Attention, Milady, dit le pasteur, vous allez gâter les réjouissances.

— Quel toupet ! dit Mrs. Clutterbuck. J'en appelle au juge-arbitre.

— Clutterbuck vainqueur ! dit le capitaine Grimes.

— Il est resté derrière les hêtres pendant que les autres faisaient un tour. Je l'ai vu, le petit bandit !

— Je t'en prie, Greta, dit lord Salvage. Tu dois t'incliner devant les décisions du juge-arbitre.

— Je me fiche des décisions du juge-arbitre ! Je ne distribuerai pas les prix. Rien ne me ferait donner un prix à ce garnement !

— Dois-je comprendre, madame, que vous maintenez une accusation aussi grave et aussi préjudiciable à l'honneur de mon fils ?

— L'honneur de votre fils ? Laissez-moi rire ! Ce qu'il mérite, votre fils, c'est une paire de taloches.

— Ne jugez pas mon fils d'après le vôtre. Vous n'avez pas le droit…

— N'essayez pas de m'intimider ! Je sais reconnaître un tricheur.

— Retirez ce mot, madame, ou…

Le docteur, qui était non loin de là, en train de faire à Mrs. Hope-Brown l'éloge de son fils, particulièrement pour ses performances en géométrie, s'interposa :

— S'il y a contestation, dit-il d'un ton conciliateur, il faut recourir.

— Percy a gagné, clama Mr. Clutterbuck. Le juge-arbitre l'a proclamé vainqueur.

— Parfait, parfait ! Un petit athlète qui promet. Mes félicitations, Clutterbuck.

— Il n'a couru que cinq tours, glapit lady Salvage.

— Dans ce cas, il a gagné les cinq furlongs[1], distance particulièrement éprouvante.

— Mais les autres, écuma lady Salvage, ont couru six tours !

— Dans ce cas, dit le docteur, ils sont respectivement 1er, 2e et 3e des trois milles. Heureusement que je suis là. Flossie, il est temps d'aller goûter.

Cette déclaration reçut un accueil mitigé qui permit cependant à la diversion qui s'annonçait de développer son plein effet. Une Hispano-Suiza argent et gorge-de-pigeon glissait silencieusement sur la pelouse vers la marquise.

— Voici Mrs. Beste-Chetwynde, dit le docteur à la ronde ; à point nommé, ajouta-t-il *sotto voce*.

En trois enjambées il fut à la portière, mais elle avait déjà été ouverte par un laquais stylé et dégorgeait un grand jeune homme en houppelande gorge-de-pigeon assortie à la carrosserie qui fut suivi par le premier souffle du printemps aux Champs-Élysées, Mrs. Beste-Chetwynde en personne, c'est-à-dire deux souliers fins en peau de lézard, des jambes gainées de soie, un manteau de chinchilla, un petit chapeau cloche noir épinglé de platine et de diamants, et la

1. Un furlong égale un peu plus de 200 mètres.

voix mélodieuse connue dans tous les Ritz du monde.

— *Cher* docteur Fagan, dit-elle en tendant sa main gantée, j'espère que vous ne m'en voudrez pas d'avoir amené Chokey ? Il est fou de sport !

— Ça c'est sûr, dit Chokey.

— Chère Mrs. Beste-Chetwynde, *chère, chère* Mrs. Beste-Chetwynde, dit le docteur en effleurant délicatement le gant de ses lèvres.

Puis il se tut, momentanément à court de paroles, car Chokey avait beau être bien sous tous rapports, c'était tout de même un nègre.

9. Les sports (suite et fin)

Sous la marquise, le spectacle était des plus réjouissants. La longue table qui la coupait en deux était couverte de nappes d'une blancheur éblouissante, ornées à intervalles réguliers de bols de fleurs d'une fraîcheur remarquable, de somptueux plats de gâteaux et de sandwichs, de carafes de limonade et de saladiers de punch au champagne. Derrière se tenaient les quatre chambrières galloises en bonnet et tablier amidonnés, servant le thé. Derrière elles était assis Mr. Prendergast, un verre de punch à la main, sa moumoute légèrement dérangée, comme la perruque d'un avocat en mauvaise posture. À l'approche des invités, il se leva périlleusement, fit une petite courbette chevaleresque et retomba sur sa chaise plus vite qu'il ne s'y attendait.

— Mr. Prendergast, dit Dingy, veuillez faire circuler les sandwichs au foie gras, et n'oubliez pas qu'ils ne sont pas pour les élèves ni pour le capitaine Grimes.

— Un pour ma pomme ! dit Flossie comme il passait à sa hauteur.

Philbrick, qui semblait s'être arrogé le statut d'invité, était plongé dans une discussion animée avec Sam Clutterbuck sur les courses de lévriers.

— Quelle cote donneriez-vous au moricaud ? demanda-t-il à Paul qui lui tendait le plat de sandwichs.

— Ça me met du baume au cœur de voir ce vieux Prendy s'amuser, dit Grimes en prenant un sandwich. Dommage tout de même qu'il ait déglingué ce gosse.

— Tu exagères, dit Paul. Regarde-le s'empiffrer, ton moutard ! Dis donc, c'est plutôt raté, cette réception, tu ne trouves pas ?

— Circule, mon vieux, circule. Il faut faire front.

C'était vrai. Le fracas qui avait suivi la victoire contestée du jeune Clutterbuck, bien que calmé par l'arrivée de Mrs. Beste-Chetwynde, n'était pas oublié. La marquise se partageait entre deux factions. D'un côté, les Salvage, Coney, le pasteur, le colonel et les Hope-Brown ; de l'autre, les six Clutterbuck, Philbrick, Flossie et deux ou trois parents snobés par lady Salvage. Personne ne parlait plus de la course, mais le *fair-play* outragé luisait dangereusement dans tous les regards, qui se portaient fréquemment vers Mrs. Beste-Chetwynde et Chokey, comme si les forces antagonistes, posées sur une tête d'épingle, attendaient d'eux ou d'elle la chiquenaude qui ferait pencher la balance.

— Mon cher docteur Fagan, disait-elle, nous sommes navrés d'avoir manqué les compétitions. Nous avons pris tout notre temps pour venir parce que Chokey voulait visiter toutes les églises. Il est dingue d'art et de culture, n'est-ce pas, darling ?

— Complètement dingue, confirma Chokey.

— Vous vous intéressez à la musique ? demanda le docteur avec tact.

— Tu entends ça, *baby* ? Le monsieur demande si je m'intéresse à la musique. Oui, monsieur, je m'y intéresse.

— Il joue divinement, dit Mrs. Beste-Chetwynde.

— Le monsieur a pas l'air d'avoir entendu mon nouveau tube.

— Non, darling.

— Quand vous l'aurez entendu, patron, vous le saurez si je m'intéresse à la musique.

— Ne t'agace pas, darling ! Viens que je te présente à lady Salvage. C'est son complexe d'infériorité, le pauvre ange ! Il a une envie folle de connaître l'aristocratie, n'est-ce pas vrai, mon chou ?

— Folle.

— Amener un nègre ici ! glapissait lady Salvage non loin de là. C'est une insulte, un affront aux femmes anglaises !

— J'ai rien contre les nègres, moi, dit Philbrick. Mais là où rien ne va plus, c'est avec les Chinetoques. Sale engeance ! J'ai un copain qui a été zigouillé par un Chinetoque. La gorge tranchée d'une oreille à l'autre. Dégueulasse !

— Ciel ! dit la gouvernante. Pendant la rébellion des Boxers ?

— Non, samedi soir dans Edgware Road. Ça pourrait vous arriver à vous comme à moi.

— Qu'est-ce qu'il dit, le monsieur ? demandèrent les enfants.

— Allez donc redemander de ce beau gâteau vert à la dame, mes chéris.

Ils partirent docilement. Plus tard, à l'église, les parents entendirent le petit garçon murmurer à l'oreille de la petite fille : « La gorge tranchée d'une oreille à l'autre ! Dégueulasse ! » et miss Clutterbuck ne put jamais de toute son existence voir un autobus qui allait à Edgware Road sans éprouver une sueur froide.

— J'ai un copain qui habite à Charleston, disait Sam, et il m'en a raconté de belles sur les nègres ! On hésite à en parler devant les dames, et je ne dirai qu'une chose : *quand ça les prend ils ne peuvent plus se dominer*. Vous saisissez ?

— Non, c'est vrai ? dit Grimes.

— Remarquez, ce n'est pas leur faute. Ils ont ça dans le sang. C'est de nature. Mais ce que je dis, moi, c'est qu'on les a assez vues ces bêtes-là.

— Juste, dit Mr. Clutterbuck.

Pendant ce temps, lord Salvage disait à Paul :

— Je viens d'avoir une conversation très curieuse avec votre chef d'orchestre qui est là-bas. Il m'a demandé si j'aimerais faire la connaissance de sa belle-sœur. J'ai répondu, bien entendu, que j'en serais très honoré ; et alors il m'a dit que cela coûtait normalement une livre, mais qu'il se faisait fort de m'obtenir une ristourne. Qu'est-ce qu'il pouvait bien vouloir dire, Mr. Pennyfoot ?

— Sur l'honneur, disait le colonel au pasteur, je n'aime pas du tout les airs que prend ce nègre. J'en ai assez vu au Soudan de ces diables noirs. De fameux adversaires, je ne vous le contesterai pas, pasteur ; mais les avoir chez nous en société, je trouve que cela ne se fait pas, un point c'est tout ! Veuillez m'excuser, pasteur ; j'ai deux mots à dire à Mrs. Clutterbuck. Entre nous, je pense que Greta Salvage y est allée un peu fort. Je n'ai pas vu la course, mais il y a des choses qui ne se font pas, que diable !

— La pluie n'a pas fait de bien aux navets, était en train de dire lady Salvage.

— À qui le dites-vous ? dit Mrs. Beste-Chetwynde. Vous habitez en Angleterre depuis longtemps ?

— Depuis toujours ! dit lady Salvage, interloquée.

— Comme vous avez de la chance ! Mais vous ne trouvez pas que la vie coûte horriblement cher ?

C'était là un des sujets de conversation favoris de lady Salvage ; mais elle aimait mieux en parler avec le colonel ou la femme du pasteur qu'avec quelqu'un qu'elle savait plus riche qu'elle.

— Tout est sens dessus dessous depuis la guerre, dit-elle brièvement. Comment va Bobby Pastmaster ?

— Il est fou, dit Mrs. Beste-Chetwynde, complètement fou ! Et il s'entend si mal avec Chokey ! Chokey, ah ! voilà un garçon qui ne peut pas manquer de vous plaire ! Il est fou de l'Angleterre. Nous avons fait ensemble la tournée des cathédrales, et maintenant nous allons faire les châteaux. Nous pensions passer vous voir à Coney Castle un de ces jours.

— J'en serais ravie, mais en ce moment nous sommes à Londres. Laquelle de nos cathédrales avez-vous préférée, Mr. Chokey ?

— Vous savez, lady Salvage, qu'il ne s'appelle pas vraiment Chokey, mais Sébastian Cholmondeley.

— Elles sont toutes belles, dit Mr. Cholmondeley, très, très, *très* belles. Quand j'en vois une, mon cœur bondit et j'ai envie de chanter. Margot a raison, je suis fou d'art et de culture. Vous autres, Blancs, croyez que parce que nous sommes noirs nous ne mouillons que pour le jazz. Eh bien, moi qui vous parle, je donnerais tout le jazz du monde pour une petite pierre d'une de vos cathédrales.

— C'est vrai, vous savez, il ne ment pas, dit Mrs. Beste-Chetwynde.

— Vous m'étonnez, Mr. Cholmondeley. Dans ma jeunesse, j'ai habité à l'ombre de la cathédrale de Salisbury, et il y avait des moments où j'aurais bien donné une de ses pierres pour un peu de jazz, ou plutôt de *ragtime* comme on disait à l'époque.

— Salisbury est pleine d'intérêt historique, lady Salvage, mais à mon humble avis Yorkminster est plus raffinée.

— N'est-il pas délicieux ? dit Mrs. Beste-Chetwynde. Darling, je te mangerais !

— Serait-ce la première fois que vous visitez une *public school* anglaise ? s'empressa de dire le docteur.

— Margot, dis donc au docteur les écoles que nous avons vues.

— Il les a toutes vues, même les plus modernes. Il préfère les modernes.

— Oui, elles sont plus spacieuses. Vous connaissez Oxford ?

— Un peu. J'y ai fait mes études.

— Voyez-vous ça ! Moi, j'ai vu non seulement Oxford, mais Cambridge, Eton et Harrow. Et ça, c'est moi tout craché. J'aime l'art, moi. Il y a beaucoup de gens de couleur qui viennent en Angleterre et ne voient que les boîtes de nuit. Moi, j'ai lu Shakespeare, *Hamlet, Macbeth, Le Roi Lear*. Vous les avez lus ?

— Moi ?.. Oui, certainement.

— La race à laquelle j'appartiens est essentiellement artistique. Nous avons l'amour des enfants pour le chant et la couleur ainsi que leur bon goût naturel. Vous autres, Blancs, vous méprisez les gens de couleur.

— Vous exagérez, dit le docteur.

— Laissez-le donc faire son numéro, dit Mrs. Beste-Chetwynde. Est-ce qu'il n'est pas du tonnerre ?

— Vous autres, Blancs, pensez tous que l'homme de couleur n'a pas d'âme. Tout est bon pour le pauvre homme de couleur : battez-le, enchaînez-le, faites-en une bête de somme... – Paul observa ici une lueur d'intérêt dans l'œil de lady Salvage. – Mais ce pauvre homme de couleur n'en a pas moins une âme, tout comme vous. Est-ce qu'il ne respire pas comme vous ? Ne mange pas, ne boit pas ? N'aime-t-il pas Shakespeare et les cathédrales et les tableaux des vieux maîtres tout comme vous ? Ne demande-t-il rien d'autre que votre amour pour le tirer de la servitude où vos ancêtres l'ont précipité ? Allons, dis, Blanc, pourquoi ne tends-tu pas la main au pauvre homme de couleur qui te vaut bien si seulement tu voulais le laisser vivre ?

— Mon chou, dit Mrs. Beste-Chetwynde, ne prends pas cet air découragé. Ils sont tous tes amis, voyons !

— Tu crois ? Veux-tu que je leur chante quelque chose ?

— Non, darling, pas ça ! Viens boire une tasse de thé.

— J'avais une amie à Paris, dit la gouvernante, dont la sœur connaissait une jeune fille qui avait épousé un soldat noir pendant la guerre. Vous ne croirez jamais ce qu'il lui a fait. Joan et Peter, allez voir si Papa veut encore une tasse de thé. Il l'a attachée avec un cuir à rasoir et il l'a laissée passer une nuit entière sur le sol de pierre, sans couverture. Il a fallu qu'elle attende un an pour son divorce.

— Ils coupaient les cordes des tentes, disait le colonel, et ils poignardaient les malheureux à travers la toile.

— Vous pouvez les voir tous les soirs dans Shaftesbury Avenue et Charing Cross Road, avec toutes les femmes suspendues à leur cou.

— L'erreur a été de les remettre en liberté, dit le pasteur. Ils étaient bien plus heureux avant.

— C'est drôle, dit Flossie, qu'une femme aussi riche que Mrs. Beste-Chetwynde s'habille aussi *terne.*

— Cette chevalière m'a coûté plus de cinq cents livres, dit Philbrick.

— Allons parler de Dieu au pasteur, dit Mrs. Beste-Chetwynde. Chokey croit que la religion c'est merveilleux.

— Ma race est très spirituelle, dit Chokey.

— L'orchestre joue *Men of Harlech* depuis une demi-heure, dit le docteur. Diane, va donc leur dire de jouer autre chose.

— Parfois je me dis que les gens de couleur commencent à m'assommer, dit Mrs. Beste-Chetwynde à lady Salvage.

— Quant à moi, je n'en suis pas là, faute de les avoir fréquentés autant que vous.

— Je suis sûre que vous sauriez vous y prendre avec eux. Ils peuvent être durs à vivre, à force d'être sérieux. Qui est ce petit homme ivre et charmant ?

— C'est l'homme qui a tiré sur mon fils.

— Ma chère ! Quelle effroyable épreuve ! J'espère qu'il n'est pas mort, le pauvre petit ? Chokey a tiré sur un homme pendant une surprise-party l'autre soir. Il devient très gai parfois. Ce n'est que pendant son numéro qu'il fait semblant d'être respectueux des convenances. Il faut que j'aille au secours du pasteur.

Le chef de gare entra sous la marquise de son pas oblique et obséquieux.

— Que désirez-vous, mon brave ? dit le docteur.

— À votre demoiselle j'ai répondu qu'aucune autre musique ne pourrons jouer avec la dame qui fume sa cigarette tenez-vous-le pour dit.

— Juste ciel ! Et pourquoi ?

— Tous nos autres morceaux dites-le-vous bien sont des airs sacrés. Blasphémer ce serait de jouer les airs de Sion pendant que la cigarette fume la dame.

— C'est très ennuyeux, mon brave. Je ne peux tout de même pas demander à Mrs. Beste-Chetwynde de cesser de fumer. Franchement, je trouve cette requête de la dernière impertinence.

— Mais ne pouvez à aucun homme de blasphémer contre son Dieu demander, à moins que davantage vous le payiez. Trois livres c'était bien pour la musique et il faut une livre pour le blasphème.

Le docteur lui ayant donné sa livre, le chef de gare se retira. Quelques minutes plus tard, la Clique d'Argent entamait une exécution particulièrement sentie de *Dans les parvis de ton Temple, Seigneur, il fait nuit sans la lune et jour sans le soleil.*

10. Autopsie

Quand la dernière voiture eut disparu, le docteur et ses filles, Paul et Grimes remontèrent ensemble la grande avenue qui menait au château.

— Si je vous disais franchement ma pensée, dit le docteur, je vous dirais que la journée m'a plutôt déçu encore une fois, malgré le soin avec lequel nous l'avions préparée. On peut dire que rien n'a vraiment marché.

— Malgré les dépenses, dit Dingy.

— Je regrette fort que Mr. Prendergast ait eu ce malheureux différend avec l'ami de couleur de Mrs. Beste-Chetwynde. Depuis dix ans que dure notre collaboration, jamais je ne l'ai vu aussi agressif. Il a dépassé les bornes. Et Philbrick n'avait pas à s'en mêler. À un moment, j'ai même eu peur qu'ils n'en viennent aux mains. Ils avaient tous l'air terriblement excités. Et tout cela pour un détail d'architecture religieuse !

— Mr. Chokey avait l'air d'être écorché vif, dit Flossie.

— Oui, il semblait croire qu'en insistant sur le caractère tardif de l'apparition du jubé, Mr. Prendergast faisait preuve de racisme. À mon sens, cette attitude témoigne d'une grande confusion de pensée. Mais Mr. Prendergast aurait été mieux avisé de laisser tomber. Et que pouvait savoir Philbrick sur cette question ?

— Philbrick n'est pas un maître d'hôtel ordinaire, dit Dingy.

— À qui le dis-tu, ma chère ? Ses bijoux, par exemple…

— Je n'ai pas du tout aimé le discours de lady Salvage, dit Flossie.

— Moi non plus, à vrai dire, dit le docteur. Ni Mrs. Clutterbuck, à ce que j'ai bien senti. Cette allusion à la course des cinq furlongs, c'était positivement une provocation. Ce petit Clutterbuck avait si bien sauté hier après-midi !

— Elle cherche toujours midi à quatorze heures, dit Dingy. Toutes ces considérations sur la chasse à courre, qu'est-ce que ç'avait à voir ?

— Je ne crois pas que lady Salvage se rende bien compte de la glorieuse diversité du sport. J'ai souvent pu constater que les femmes de son genre avaient une fâcheuse tendance à considérer les diverses spécialités de l'athlétisme comme des formes inférieures de la chasse au renard. Ce n'est pas vraiment logique. Et puis, elle est encore montée sur ses grands chevaux à propos d'une remarque parfaitement innocente de Mr. Clutterbuck sur la protection des animaux. Comme tu le disais si justement, sa réaction manquait de pertinence et le résultat a été plutôt malheureux. Mais, quant à moi, c'est surtout son allusion au Parti libéral que j'ai trouvée regrettable. Elle devait bien savoir que Mr. Clutterbuck avait été trois fois le candidat malheureux de ce parti. Oui, dans l'ensemble, son discours a manqué de bonheur. J'ai fait ouf quand je l'ai vue enfin partir.

— Quelle jolie voiture a Mrs. Beste-Chetwynde, dit Flossie ; mais quelles manières d'amener un laquais !

— Je lui pardonne le laquais, dit le docteur, mais pas Mr. Cholmondeley. Il m'a demandé si j'avais jamais entendu parler d'un écrivain du nom de Thomas Hardy !

— À moi, il m'a demandé de passer le week-end avec lui à Reigate, dit Flossie. Et ma foi, il ne s'y est pas du tout mal pris.

— Florence ! J'espère que tu as refusé ?

— Oui, dit mélancoliquement Flossie. J'ai refusé.

Ils marchèrent un instant en silence, puis Dingy reprit :

— Qu'allons-nous faire de tous ces pétards que vous m'avez fait acheter, Père ?

— Tais-toi, ma fille, je ne suis pas d'humeur à jouer avec des pétards.

Dans la salle des professeurs, Paul et Grimes se laissèrent tomber dans les deux fauteuils. Le feu n'était plus qu'un petit tas de cendres tièdes.

— Ouf ! C'est fini ! dit Grimes.

— Oui, c'est fini, soupira Paul.

— Plus de joyeuse multitude !

— Plus personne.

— Et maintenant, dodo, boulot… et le cloître !

— Tu l'as dit : le cloître.

— Côté nouba, j'ai vu mieux.

— Moi aussi.

— Lady Salvage n'est pas précisément Notre-Dame des Miséricordes.

— Notre-Dame…

— Prendy a fait le clown.

— Pas de doute…

— Hé là, vieux, tu m'as l'air plutôt raplapla. C'est l'ivresse du tourbillon mondain ?

— Dis-moi, Grimes, sur quel pied crois-tu qu'elle soit avec ce nègre ?

— La mère Beste-Chetwynde ? Je ne dirai pas que ce soit tout à fait le pied de grue, mais…

— Tu crois vraiment ?

— Grands dieux, quel est ce bruit ?

C'était Mr. Prendergast.

— Prendy, mon ami, vous avez porté un rude coup au moral du corps enseignant cet après-midi !

— Je m'en fiche du corps enseignant ! s'écria Mr. Prendergast. Qu'est-ce qu'il sait, le corps enseignant, sur les jubés ?

— Doucement, mon vieux ! On est entre amis ici ! Tout ce que vous nous direz sur les jubés aura force de loi.

— Après ça, ils mettront en question le baptême des enfants en bas âge. L'Église n'a jamais tenu compte de l'opinion des laïques en matière de spiritualité. Quand il est question de manger ou de boire, je veux bien, mais pour le baptême des enfants…

Il s'affala sur la chaise sans terminer sa phrase.

— Allons, mon très cher frère, dit Grimes, ce n'est pas le moment de vous laisser aller. Dans deux minutes la cloche de l'étude va sonner et vous êtes de service.

— *Frère Jacques, dormez-vous ? Sonnez les matines…*

— Prendy, revenez à la réalité !

— La réalité ? J'en connais des chansons sur les cloches, cloches d'enterrement, cloches de baptême, cloches de mariage, sonnette de l'élévation, clochettes de vaches, grelots de fou, bourdon de Notre-Dame ! Carillonnez, sonnez le tocsin, les cloches sont revenues !

Paul et Grimes se regardèrent :

— Il va falloir que l'un de nous fasse son étude, dit Paul.

— Pas question, vieux. Il va se remettre. Nous, nous filons chez Mrs. Roberts. Prendy m'a donné soif.

— Nous ne pouvons pas le livrer à la meute dans cet état ?

— Et pourquoi pas ? Il ne sera pas plus chahuté que d'habitude.

— Tu n'as pas peur que le bruit n'attire le vieux ?

— Il a fait insonoriser ses appartements.

La cloche sonna. Mr. Prendergast bondit, ajusta sa moumoute et s'appuya un instant contre la cheminée.

— Bravo, Prendy ! dit Grimes. C'est au fond du couloir à gauche. Les petits garçons vous attendent.

Mr. Prendergast prit le départ en chantonnant et atteignit sans encombre la salle d'étude, où une formidable ovation l'accueillit.

— J'espère qu'il va s'en sortir, dit Grimes soudain inquiet. Il y a du feu dans l'étude. Je me sens tout d'un coup très paternel à son endroit. Tu as vu ce qu'il a mis à Othello sur les jubés ? Ça c'était beau !

Ils descendirent jusqu'à l'auberge bras dessus bras dessous.

— Mrs. Beste-Chetwynde m'a demandé d'aller la voir à Londres, dit Paul.

— Enfin, nous y sommes ! Il faut y aller, vieux ! Personnellement, je n'ai jamais beaucoup apprécié les mondanités ; mais si ça t'intéresse, tu ne trouveras jamais mieux pour t'ouvrir le circuit. Elle a son portrait dans tous les journaux.

— Elle doit être drôlement photogénique !

— Oh ! Oh ! serait-ce pire que je croyais ?

— Je ne sais pas ce que tu veux dire.

Chez Mrs. Roberts, ils retrouvèrent la Clique d'Argent qui jacassait acrimonieusement sur le partage du butin.

— Tout l'après-midi, la Clique je l'ai conduite dans *Men of Harlech* et la musique sacrée, tenez-vous-le pour dit, et ils ne veulent pas me donner un penny de plus qu'à eux du tout. Le gentleman du collège tout ce que je lui ai demandé il me l'a donné et ce n'est que juste dites-vous bien parce que j'ai une belle-sœur à nourrir.

— Si tu continues, Toscanini, dit Grimes, j'affranchis tes congénères sur la livre que tu as soutirée en douce au docteur.

La discussion reprit en gallois. Manifestement, le vieux chef perdait du terrain.

— Crois-moi, vieux, ne te laisse jamais entraîner dans les chicaneries des Gallois. En Irlande, ça se termine toujours par des horions et on n'en parle plus ; ici, ça n'en finit jamais. Tu verras, l'affaire ne sera pas réglée quand nous partirons en vacances.

— Est-ce qu'il y a longtemps que Mr. Beste-Chetwynde est mort ? demanda Paul.

— Je ne crois pas. Pourquoi ?

— Oh ! rien, je me demandais.

Ils fumèrent un instant en silence.

— Si Beste-Chetwynde a quinze ans, reprit tout à coup Paul, cela ne veut pas nécessairement dire qu'elle a plus de trente et un ans, n'est-ce pas ?

— Je suis fixé, mon vieux : tu es amoureux.

— Tais-toi donc !

— J'entends la flèche qui vibre encore entre tes côtes.

— Allons donc !

— C'est le printemps ? La sève qui monte ?

— La ferme !

— Le sang qui bouillonne ?

— Ta gueule !

— La douceur de désespérer ?

— Tu n'y es pas.

— Le frisson de l'espoir ?

— La barbe !

— Le je ne sais quoi, alors ?

— Arrête !

— Menteur !

Il y eut un nouveau silence, prolongé cette fois.

— Grimes, reprit enfin Paul, je me demande si tu n'aurais pas un peu raison ?

— Ah ! tu vois bien ! Hardi, vieille branche, et ramène-la vivante ! Je bois à la santé de l'heureux couple et de tous ses enfants à venir !

C'est dans cet état d'esprit délicieusement neuf pour lui que Paul revint au château, toujours accompagné de Grimes. L'étude était terminée. Dans la salle des professeurs, Mr. Prendergast se tenait penché sur la cheminée, toujours chantonnant.

— Hello, Prendy, vieille outre ! Ça s'est bien passé ?

— Merveilleux ! dit Mr. Prendergast. Je viens de donner la férule à vingt-trois élèves.

11. Philbrick (suite)

Le lendemain, l'euphorie de Mr. Prendergast s'était évaporée.

— Mal aux cheveux ? lui demanda Grimes.

— Jusqu'à la moumoute, gémit Mr. Prendergast.

— C'est la bonne vieille gueule de bois ! Mais vous ne regrettez rien ?

— Je n'ai plus guère souvenir de ce qui s'est passé, sauf de mon retour au château avec Philbrick. Il m'a raconté sa vie. Si j'ai bien compris, il est riche et pas du tout maître d'hôtel.

— Je sais, dirent ensemble Paul et Grimes.

— Vous étiez au courant tous les deux ? Personnellement, cela m'a surpris, encore que je n'eusse pas manqué de remarquer une certaine hauteur dans ses manières. Mais tout le monde le prend de haut avec moi. Il vous a tout raconté, sans omettre l'assassinat du comte portugais ?

— Le comte portugais ? non, dit Paul.

— Vous êtes sûr que vous aviez les oreilles en face des trous ? dit Grimes.

— Je le crois, car cette histoire m'a beaucoup impressionné. Saviez-vous que Philbrick est en réalité Sir Solomon Philbrick ? L'armateur ?

— Vous voulez dire le romancier ? dit Grimes.

— L'ancien cambrioleur ? dit Paul.

Les trois pédagogues se regardèrent.

— Il s'est payé notre tête, dit Grimes en faisant la grimace.

— En tout cas, moi, dit Mr. Prendergast, c'est le comte portugais. Cela a commencé à propos de notre discussion avec le Noir sur les jubés. Philbrick possède un hôtel particulier sis dans Carlton House Terrace.

— Camberwell Green, dit Paul.

— Cheyne Walk, dit Grimes.

— Non, non, dans Carlton House Terrace. L'adresse m'est demeurée à l'esprit parce qu'une sœur de Mrs. Crump a été gouvernante dans la même rue. Philbrick vivait là avec une actrice qui, je regrette de le dire, n'était pas sa femme. Le nom m'échappe à présent, mais je vous assure que ce n'était pas de la petite bière. Un beau jour, à l'Athenacum, l'archevêque de Canterbury lui a dit que le gouvernement voulait faire de lui un pair d'Angleterre mais qu'il ne pouvait en être question tant qu'il afficherait sa liaison de manière aussi cavalière. Philbrick l'a envoyé promener. J'ai oublié de vous dire qu'il est catholique et que ses bateaux jaugent des milliers de tonnes. Un soir sa comédienne et lui recevaient des amis. Ils jouaient au baccara. Il y avait là un comte portugais, un homme olivâtre et noir de la légation. La partie est vite devenue un affrontement personnel entre Philbrick et ce personnage. Philbrick n'arrêtait pas de gagner et le comte en fut bientôt réduit à signer reconnaissance de dette sur reconnaissance de dette, jusqu'au moment où – il était très tard – il s'est tourné vers la comtesse, assise hagarde et défaite à côté de lui, et lui a retiré du doigt une immense émeraude, grosse comme une boule de billard.

« — Voici une pierre qui est dans ma famille depuis la Première Croisade, dit le comte portugais. C'est la seule chose que j'espère léguer à mon malheureux fils. »

« Et il la jette sur le tapis.

« — Je vous la joue contre mon paquebot *Reine d'Arcadie*, trente-deux mille tonnes, quatre cheminées, huit turbines développant cinquante mille chevaux, dit Philbrick.

« — Ce n'est pas assez, dit la comtesse.

« — J'y ajoute mon yacht *l'Hirondelle*, quatre remorqueurs et un charbonnier, riposta Philbrick sous les applaudissements de l'assistance.

« Quand Philbrick eut gagné la partie, il saisit l'émeraude, se leva et alla s'incliner profondément devant la comtesse en lui disant : « Pour votre fils, madame. » Ce fut du délire. Mais le comte, livide de fureur, se lève à son tour, repousse sa chaise du pied et s'écrie : « Vous m'avez insulté, monsieur ! Dans mon pays, nous n'avons qu'une seule façon d'effacer pareille atteinte à l'honneur ! »

« Le jardin donnait sur Pall Mall, qu'il n'y avait qu'à traverser pour atteindre Saint-Jame's Park. C'est là qu'ils se rendirent séance tenante. Une aube grise se levait. Ils se couchèrent en joue au pied de la statue d'Achille. Les coups partirent. Le comte tomba raide mort, son pistolet fumant à la main. La comtesse prit celle de Philbrick, et la baisa religieusement. En remontant dans sa voiture, elle lui souffla à l'oreille : « Personne ne saura jamais. Ce sera un suicide. C'est notre secret. »

« Mais Philbrick n'était plus le même homme. Il tomba dans la mélancolie et chassa son actrice. La nuit, il arpentait son grand hôtel désert, accablé du poids de ses remords. La comtesse portugaise lui téléphona, mais il raccrocha en lui disant qu'elle s'était trompée de numéro. Et, finalement, il alla se confesser à un prêtre qui lui imposa la pénitence de sacrifier ses richesses et d'aller vivre pendant trois ans dans les bas-fonds de la société. Et voilà pourquoi il est ici. N'est-ce pas cette histoire qu'il vous a racontée ?

— Non, dit Paul.

— Pas l'ombre d'une ressemblance, dit Grimes. Voici ce qu'il m'a raconté un soir chez Mrs. Roberts :

« Mr. Philbrick le père était un type passablement excentrique. Ayant fait fortune encore jeune dans les diamants, il se retira à la campagne pour consacrer le reste de son âge à la littérature. Il avait deux enfants . Philbrick et une fille du nom de Gracie. Dès leur plus tendre enfance, le vieux n'avait eu d'yeux que pour son fils et ne pouvait voir sa fille en peinture. Philbrick dégoisait Shakespeare par cœur avant que la petite pût seulement dire *chasseurs sachez chasser sans chien*. À huit ans, il publiait un sonnet dans le torchon local. Après ça, c'était du tout cuit : Gracie fut reléguée avec les servantes, comme Cendrillon, tandis que son frère, le gros malin, vivait comme coq en pâte en citant les vieux auteurs à son père. À sa sortie de Cambridge, le jeune Philbrick s'installe confortablement à Londres et se met à écrire comme un dératé. Le père buvait du petit lait. Tous les livres de son fils étaient reliés peau sur un rayon spécial de la bibliothèque avec un buste en marbre de l'auteur pardessus. La pauvre Gracie dépérissait à l'office, jusqu'au jour où elle partit avec un vendeur de voitures d'occasion qui ne savait pas distinguer la première page d'un livre de la dernière, ni du reste un carburateur d'un pot d'échappement. Quand le vieux cassa sa pipe, tout l'héritage revint à son fils, à l'exception de quelques bouquins pour Gracie. Son type ne l'ayant épousée que pour ses espérances, il la planta là sans que Philbrick s'en fît trop de mauvais sang, tellement il était occupé à écrire. Simplement il agrandit ses aîtres et prit des secrétaires. De temps en temps, Gracie essayait bien de lui soutirer de quoi ne pas mourir de faim, mais il l'envoyait promener parce qu'il était trop occupé. Elle dut enfin se mettre en maison, comme cuisinière dans une famille de Southgate, pas loin de Londres. L'année d'après, elle clamsait. Philbrick, toujours occupé, s'en aperçut à peine. Mais, au bout d'une semaine ou deux, il remarqua une chose bizarre. Une odeur de cuisine flottait dans sa maison, partout, dans son cabinet de travail, sa chambre, la bibliothèque. Il fit venir un architecte qui déclara ne rien sentir et fit refaire la cuisine à grands frais, avec tout un système moderne de ventilation. Mais l'odeur persistait, empirait même. Ses vêtements étaient imprégnés d'une horrible senteur de graillon, si bien qu'il n'osait plus sortir. Il tâta de l'étranger, mais tout Paris puait la cuisine anglaise. Ce n'était déjà pas si mal, mais bientôt la vaisselle commença à cliqueter autour de son lit quand il était couché et derrière son fauteuil quand il travaillait. Il se réveillait la nuit pour entendre grésiller des poêles et chanter des bouilloires. Dès lors il sut à quoi s'en tenir : il était hanté par Gracie. Il s'adressa à la Société de Parapsychologie, qui réussit à prendre contact avec Gracie. Il fit demander comment il pouvait réparer. Elle exigea qu'il aille vivre parmi les domestiques pendant un an et qu'il écrive un livre pour améliorer leur condition.

Il voulut prendre le taureau par les cornes et se fit nommer chef, mais il avait trop présumé de ses forces : la famille tomba malade et il se retrouva sur le carreau. C'est alors que le docteur lui offrit la place qu'il occupe actuellement. Il m'a dit que le livre serait émouvant et qu'il m'en lirait bientôt des passages. Pas beaucoup de comte portugais là-dedans.

— D'accord ; mais vous remarquerez que Mr. Philbrick gravite toujours autour du gratin. T'a-t-il dit qu'il allait épouser Dingy ?

— Pas un mot. À moi il dit qu'il n'attend plus que la disparition de l'odeur pour redevenir l'homme le plus heureux du monde. À ce qu'il prétend, il est fiancé avec une poétesse de Chelsea. Entre nous, ce n'est pas lui que je choisirais comme beau-frère, tout comme il a fallu des circonstances exceptionnelles pour que je me fiance avec Flossie. C'est ce qu'on appelle les profits et pertes, vieux frère !

Paul leur parla de *la Croix et la Bannière* et de Toby Cruttwell. Ils en ignoraient tout.

— Croyez-vous que cette histoire soit la vraie, ou la tienne, ou celle de Prendy ? demanda-t-il.

— Aucune, dit Mr. Prendergast.

12. Les souffrances du capitaine Grimes

Deux jours plus tard, Paul et Beste-Chetwynde étaient à l'orgue du village.

— Je ne joue pas très bien, n'est-ce pas, *sir* ?

— C'est exact.

— Je m'arrête ?

— J'aimerais bien.

— Le pied de Coney est noir et enflé, dit Beste-Chetwynde avec satisfaction.

— Pauvre petit ! dit Paul.

— J'ai reçu une lettre de ma mère ce matin. Il y a un message pour vous. Voulez-vous que je vous le lise ?

Il sortit une feuille du plus épais des papiers à lettres. « La première partie parle des courses d'Ascot et d'une brouille avec Chokey. À ce qu'il paraît, il n'était pas content de la façon dont elle a fait redécorer la maison de campagne. Il serait temps qu'elle lui donne congé, vous ne trouvez pas ? »

— Que dit-elle à mon sujet ?

— Voici : « Incidemment, mon chéri, il faut que je te dise que l'orthographe de tes dernières lettres m'a brisé le cœur. Tu sais comme je désire que tu fasses ton chemin et que tu ailles à Oxford et tout et tout, et je me suis dit : ne penses-tu pas qu'il serait bon que tu aies un précepteur à demeure pendant les vacances ? Tu ne trouverais pas cela trop assommant ? Quelqu'un de jeune qui serait à sa place ici ? Je me suis demandé si ce jeune maître qui est si bien et que tu dis que tu aimes tant n'aimerait pas venir. Combien faudrait-il le payer ? Je suis trop innocente sur ce chapitre. Je ne veux pas dire le soûlard, bien sûr, qui était pourtant bien gentil lui aussi. » Il doit bien s'agir de vous, non ? Ce ne peut pas être le capitaine Grimes.

— Il faudra que j'y réfléchisse. L'idée ne me paraît pas mauvaise.

— Si on veut, dit Beste-Chetwynde dubitativement. Ça pourrait ne pas être trop mal, mais par exemple il ne faudrait pas que la pédagogie vienne trop s'en mêler. Ce Prendergast m'a fait mal, l'autre soir.

— Et il n'y aura pas non plus de leçons d'orgue.

Grimes n'accueillit pas la nouvelle avec tout l'enthousiasme que Paul attendait de lui. Il était assis devant le feu de la salle des professeurs et se rongeait les ongles d'un air accablé.

— C'est bien, vieux, très bien, dit-il d'une voix blanche.

— Tu n'as pas l'air d'être tellement content.

— C'est que je suis de nouveau dans le merdier.

— Beaucoup ?

— Jusqu'au cou.

— Pauvre vieux ! Crois bien que je compatis. Qu'est-ce que tu comptes faire ?

— Une seule chose : annoncer mes fiançailles.

— Flossie va être contente.

— Elle l'est déjà, la diablesse ! C'en est indécent.

— Que dit le vieux ?

— Trop rien. Il est plutôt désarçonné. Pour le moment, il réfléchit. Mais je pense que tout ira bien de ce côté-là.

— Pourquoi pas, au fait ?

— C'est qu'il y a un hic sérieux. Je ne crois pas te l'avoir dit, mais je suis déjà marié.

Ce même soir, Paul fut convoqué par le patron. Le docteur portait un smoking croisé dont il lissait les pans sur ses hanches quand Paul se présenta. Il avait pris un petit coup de vieux.

— Pennyfeather, mon ami, dit-il d'entrée de jeu, je viens de recevoir un choc sévère. Et même deux, qui sont liés. Le premier ne m'a pas fait plaisir, mais en un sens je m'y attendais. Votre collègue, le capitaine Grimes, s'est rendu coupable d'un crime, je dirai même d'un acte, dont j'ai la preuve irrécusable et que je ne saurais ni comprendre ni excuser. Je vous ferai grâce des détails. Au demeurant, c'est, si l'on veut, une bagatelle qu'un vieil administrateur comme moi aurait mauvaise grâce à prendre trop au sérieux. Mais ce qui me trouble et me chagrine au-delà de ce que je pourrais vous dire sans outrepasser les limites de la bienséance, c'est qu'à peine sorti de mon bureau il est allé se fiancer avec ma fille aînée. Cette humiliation, Pennyfeather, je ne l'attendais pas et je crois pouvoir affirmer que je ne la méritais pas. Si je vous en parle, mon cher ami, c'est que dans le peu de temps qui s'est écoulé depuis que j'ai eu le plaisir de faire votre connaissance, j'ai appris à vous respecter et à vous faire confiance.

Le docteur poussa un profond soupir, tira de sa poche un mouchoir de crêpe de Chine et se moucha solennellement. Cela fait, il reprit :

— Je ne vous étonnerai pas en vous disant que Grimes n'est pas exactement le gendre dont je rêvais pour ma fille aînée. Certes, j'aurais pu lui pardonner sa jambe de bois, son abjecte et besogneuse misère, sa turpitude morale et son abominable physionomie. J'aurais pu aller jusqu'à lui passer même son effroyable vocabulaire – si seulement il avait été un *gentleman.* J'espère que vous n'allez pas me trouver snob. Sans doute avez-vous discerné en moi une certaine prévention à l'encontre des classes inférieures. Elle est réelle et je la reconnais sans fausse honte. Je la dois au fait que j'y suis allé chercher ma femme autrefois. Mais il s'agit bien de cela ! Voici ce que je voulais vous dire. J'ai parlé à cette malheureuse que je dois appeler ma fille et j'ai pu constater qu'elle n'éprouvait aucune inclination particulière pour ce Grimes. Je n'en attendais pas moins d'une fille qui, après tout, est de mon sang. Seulement, et pour des raisons obscures à l'esprit de son père, elle paraît fermement décidée à épouser un homme absolument quelconque, et ce dans les plus brefs délais. Or, il se trouve que j'accepterais volontiers d'offrir une part de Llanabba à un gendre que je pourrais chérir sans honte. Les revenus annuels de l'entreprise s'élèvent normalement à plus de trois mille livres – grâce, soit dit en passant, à la gestion prudente de ma chère Diane. Sur ces revenus, je serais tout à fait disposé à accorder à mon jeune associé une part de mille livres au départ, laquelle s'accroîtrait notablement à ma mort. Je me flatte de penser que c'est là une perspective que plus d'un jeune homme pourrait trouver alléchante. Et je me demandais, Pennyfeather, si, par hasard, en envisageant l'affaire d'un point de vue strictement monétaire, froidement, sans préjugé aucun, entre hommes qui savent ce que c'est que la vie et n'ont pas peur d'assumer leurs responsabilités, en mettant cartes sur table, sans piper les dés, à la loyale, la main sur le cœur, advienne que pourra, je me demandais si… Me fais-je comprendre ?

— Non, *sir*, dit Paul, ce n'est pas possible, je suis désolé… Ne vous méprenez pas, je…

— Pas un mot de plus, mon garçon, pas un mot ! Je vous comprends très bien et je le craignais. Ce sera donc Grimes, car je ne pense pas qu'il y ait intérêt à demander à Prendergast, n'est-ce pas ?

— Je vous remercie d'avoir pensé à moi, *sir*.

— Je vous en prie, je vous en prie, Pennyfeather. Le mariage aura donc lieu dans une semaine. Veuillez en informer l'intéressé de ma part, car je ne souhaite pas le faire moi-même. Je me demande si une petite réception ne serait pas souhaitable.

Une faible lueur poignit un instant dans l'œil terne du docteur et s'éteignit aussitôt.

— Non, dit-il fermement, pas de réception. Nos sports ne m'y encouragent guère. Le petit lord Coney est toujours alité, à ce qu'on me dit.

Paul retourna à la salle des professeurs avec le message du docteur.

— Merde ! dit Grimes. J'espérais encore que l'affaire tomberait à l'eau.

— Qu'est-ce que tu veux comme cadeau de mariage ? dit Paul.

Le visage de Grimes s'éclaira.

— Je veux cette bringue que tu nous as promise, à Prendergast et à moi.

— D'accord, dit Paul. Demain.

L'hôtel Métropole, à Cyrnpryddyg, est de loin le plus beau du nord du Pays de Galles. Situé sur une saine éminence qui domine l'étendue d'eau que les compagnies de chemin de fer comparent volontiers à la baie de Naples, il a été bâti à l'époque bénie d'avant 1914 où tout était marbre et miroirs. De nos jours, il donne des signes de fatigue, car il n'a jamais vraiment su attirer la clientèle prévue. Le ciment de la grande terrasse se lézarde, le jardin d'hiver est traversé de courants d'air et la cour mauresque encombrée de fauteuils roulants désaffectés. Les fontaines sont taries, l'orchestre à cordes a été remplacé dans la salle de bal par un poste de T. S. F. très coûteux qu'un des garçons sait faire marcher, il n'y a jamais de papier à en-tête dans le petit salon et les draps ne sont plus assez longs pour les lits. Ce fut Philbrick qui attira leur attention sur tous ces défauts en buvant des cocktails en leur compagnie avant le dîner, dans la salle des palmiers.

— Et encore, les prix ne sont pas à l'avenant, ajouta-t-il en regardant Paul payer le garçon. Enfin, faut pas trop se plaindre, nous sommes au Pays de Galles ! Si vous m'avez trouvé ici, c'est que je ne peux pas vivre longtemps sans luxe, même s'il est un peu défraîchi. Si je restais, je vous inviterais à dîner.

— Philbrick, mon vieux, mes amis et moi nous voulions vous dire deux mois. Qu'en est-il de ces histoires que vous nous avez racontées sur Philbrick l'armateur, Philbrick le romancier et Philbrick le cambrioleur ?

— Puisque vous me faîtes l'honneur d'en parler, dit Philbrick avec dignité, elles ne sont pas vraies. Ma vraie histoire, vous la connaîtrez un jour. Elle est plus étrange que la réalité. Mais il faut que vous m'excusiez : j'ai mon service au château. Bonsoir.

— Il a bien l'air d'avoir ses grandes entrées, dit Grimes en regardant Philbrick sortir accompagné des courbettes du maître d'hôtel relayées par celles du directeur. Je suis sûr qu'il pourrait raconter une fameuse histoire s'il voulait.

— Je crois que c'est leurs clés, dit tout à coup Mr. Prendergast.

C'étaient là ses premières paroles depuis leur arrivée. Assis très droit sur sa chaise dorée, son œil étonnamment vif dardait dans toutes les directions pour ne pas manquer une miette de la grande vie qui se déroulait tout autour de lui.

— Qu'est-ce qui est leurs clés, Prendy ?

— La chose qu'on leur donne au comptoir. J'ai cru tout d'abord que c'était de l'argent.

— Voilà donc ce qui vous tourneboule depuis une demi-heure ? Je croyais que c'était la jolie réceptionniste.

— Taisez-vous, Grimes ! dit Mr. Prendergast, rougissant et battant des paupières.

Paul conduisit ses invités dans la salle à manger.

— Ce n'est pas pour rien que j'enseigne le français, dit Grimes en s'emparant du menu. Pour commencer, que diriez-vous de bonnes vieilles *huîtres* ?

Mr. Prendergast préféra un pamplemousse qu'il ingurgita non sans mal. « Mais c'est une grosse orange ! dit-il. Ils font tout en grand ici ! »

Le potage fut servi dans de petits bols d'aluminium.

« Où est donc passée l'argenterie ancestrale ? » dit Grimes. Alentour, les marchands de Manchester en goguette se mirent à lancer des regards suspicieux dans leur direction.

— Ces gens-là ne se refusent rien, dit encore Grimes en voyant s'avancer un serveur titubant sous le poids d'un seau contenant un jéroboam de *Veuve Cliquot*. « Non, sans blague, c'est pour nous ? »

— Avec les compliments de Sir Solomon Philbrick pour le capitaine Grimes à l'occasion de son prochain mariage, dit le serveur en s'inclinant.

Grimes l'agrippa par la manche.

— Dites-moi donc, l'ami : Sir Solomon, vous le connaissez bien ?

— Il vient souvent, *sir*.

— Il dépense beaucoup ?

— Il n'est jamais accompagné, mais pour lui-même il prend toujours ce qu'il y a de meilleur, *sir*.

— Est-ce qu'il règle l'addition ?

— Je ne saurais vous le dire, *sir*. Ce sera tout, *sir* ?

— Pas la peine de prendre tes grands airs ! Solomon est mon pote, tu piges ?

L'homme s'inclina sans répondre et tourna les talons.

— Vous l'avez indisposé avec vos questions, Grimes, et ce gros homme là-bas – ne regardez pas – nous a à l'œil, je vous assure.

— Mes amis, répondit Grimes, je désire porter un toast. Prendergast, remplissez votre verre. Je bois à la santé de Trumpington, qui qu'il soit, grâce à qui nous faisons cette petite bringue.

— Et à la santé de Philbrick, qui qu'il soit, dit Paul.

— Et à celle de miss Fagan, dit Mr. Prendergast, avec nos vœux les plus sincères de bonheur.

— Amen, dit Grimes.

Après le potage, ils curent droit à une sole, et Mr. Prendergast fit une petite plaisanterie sur les soles qui faisaient pleurer comme des saules. La soirée allait vers une réussite totale.

— Savez-vous, dit Grimes, que le mariage, par quelque côté qu'on le prenne, est une vaste blague ?

— Il est vrai que les trois justifications que lui donne le Rituel de l'Église d'Angleterre m'ont toujours paru insuffisantes, concéda Mr. Prendergast. Je n'ai jamais eu quant à moi la moindre difficulté à éviter la fornication, et les deux autres avantages allégués me semblent même être des inconvénients majeurs.

— Mon premier mariage, dit Grimes, ne fut ni chèvre ni chou. Il s'est contracté en Irlande, un jour que j'étais soûl et tout le monde avec. Dieu seul sait ce qu'il est advenu de mon épouse. Mais ce coup-ci, je n'y couperai pas d'une fameuse capucinade, je le sens. Mais tant pis, c'est encore la meilleure solution. Autrement, comment aurais-je fait pour retrouver une situation ? Llanabba était mon dernier recours, et voilà que j'en ai fait un cocon. Plus besoin de références ! C'est égal, il y a deux jours à cette heure-ci, je n'en menais pas large !

— Je ne veux rien dire pour vous décourager, dit Mr. Prendergast, mais je connais Flo depuis dix ans, et...

— Tout ce que vous pourriez me dire sur Flossie, je le sais déjà, interrompit Grimes. C'est au point que j'aimerais presque mieux épouser Dingy. Mais il est trop tard pour changer. Ah ! mon Dieu, ajouta-t-il avec accablement en fixant son verre vide, pourquoi m'avez-vous fait tomber si bas ?

— Allons, vieux, rassérène-toi, dit Paul. Je ne te reconnais plus.

— Mes amis, dit Grimes d'une voix tremblante, vous avez devant vous un homme qui voit la Némésis. Respectez-le, même si vous ne le comprenez pas. *Celui qui vivra par la chair périra par la chair*. J'ai beaucoup péché dans ma vie et je n'ai plus vingt ans. Qui aura pitié de moi sur cette sombre pente vers où chacun de mes pas semble me conduire ? J'ai été très vantard en ma folle jeunesse, j'ai tenu le haut du pavé et roulé partout ma bosse sans penser à l'avenir ; mais à chaque pas, invisible derrière moi, se tenait l'affreuse déesse avec son glaive prêt à trancher le fil de ma vie.

On apporta le roastbeef. Mr. Prendergast se jeta dessus comme un loup affamé.

— Ah ! pourquoi ne m'a-t-on jamais averti ? continua Grimes du fond de sa détresse. On aurait dû me le dire, on aurait dû me faire un dessin ! On aurait dû m'armer, non point contre les feux de l'enfer dont j'accepte encore les risques, mais contre Flossie. On aurait dû me prévenir qu'au bout de cette journée fleurie des épousailles s'ouvriraient les portes infernales d'un foyer où retentirait la voix de ma progéniture. On aurait dû m'avertir du grand lit qui sentirait la lavande, des glycines qui orneraient les fenêtres, de toute cette horrible promiscuité, de la trompeuse confiance qui règne dans les familles. Mais sans doute n'eusse-je pas écouté ! Notre vie tout entière se passe entre deux foyers. À peine sommes-nous sortis du premier, que la lumière brille un instant, et voici que la porte se referme sur le second, que les rideaux de perse s'interposent entre le soleil et nous, que l'âtre se met à chauffer le logis, tandis qu'en haut, au-dessus de notre tête, se rejoue la malheureuse comédie de l'enfance et de l'adolescence. Un feu et un lieu, voilà ce qui nous guette tous. On n'y échappe pas, quoi qu'on fasse. Tous nous portons en nous la semence sacrée, grosse de foyers et de jardins futurs. En tant qu'individus nous n'existons pas. Nous ne sommes que de futurs bâtisseurs, des castors, des fourmis. Comment venons-nous au monde ? Qu'est-ce que la naissance ?

— Je me le suis souvent demandé, dit Mr. Prendergast.

— Quelle est cette pulsion qui accouple deux êtres et fonde leur haïssable foyer ? C'est vous et moi affirmant notre présence avant même que nous ne soyons nés. Nous ne sommes que des manifestations de la pulsion de la famille, et si par hasard il nous arrive d'échapper à la démangeaison, la Nature nous en accable par un autre détour. Ainsi, moi qui vous parle, je croyais y avoir échappé, mais voilà : Flossie l'a pour deux. Je croyais être une de ces venelles qui bifurquent de la voie royale de la procréation pour aller se perdre dans les bois. Mais voilà : Flossie me ramène au bercail. Seigneur, pourquoi ne m'avez-vous pas fait périr dans ce premier foyer où vous m'aviez attiré en profitant de mon ivresse ?

Pendant longtemps encore, Grimes exhala toute l'amertume dont débordait son cœur. Enfin il se tut, son œil vitreux fixé sur son verre.

— Cher ami, dit Mr. Prendergast, pourrais-je reprendre un peu de cet excellent faisan ?

— Quoi qu'il en soit, dit encore Grimes, il n'y aura pas d'enfants. J'y veillerai moi-même.

— Le fait est que je n'ai jamais compris pourquoi les gens se mariaient. Pour ma part, je n'en vois pas du tout la nécessité. Et ce sont souvent des gens heureux, normaux, qui prennent cette décision. Pour Grimes, c'est différent : il a tout à y gagner. Mais Flo, qu'est-ce qu'elle peut bien espérer en tirer ? Et pourtant, elle a l'air d'en avoir beaucoup plus envie que Grimes. C'est le drame de toute ma vie que, chaque fois que je me prends à réfléchir sur un sujet aussi simple qu'il soit, j'aboutisse invariablement à quelque contradiction de la sorte. Avez-vous jamais médité sur le mariage ? Je veux dire, dans l'abstrait ?

— Pas beaucoup.

— Je ne crois pas que les gens tomberaient amoureux ni ne voudraient se marier si on ne leur en avait pas parlé quand ils étaient heureux. C'est comme aller à l'étranger : personne ne le ferait jamais si on ne leur avait pas dit que l'étranger existait. Vous n'êtes pas d'accord ?

— Je serais bien étonné si c'était vrai, dit Paul. Les animaux tombent bien amoureux !

— Vous croyez ? dit Mr. Prendergast. Je ne le savais pas. Comme c'est bizarre ! C'est vrai, j'avais une tante dont le chat mettait sa patte devant sa bouche pour bâiller. C'est merveilleux ce qu'on peut faire apprendre aux animaux ! Il y a un lion de mer dans un cirque qui jongle avec un parapluie et deux oranges.

— Je sais ce que je vais faire, dit Grimes. Me payer une motocyclette.

Cette pensée parut lui rendre un peu de son entrain. Il se fit remplir son verre par Paul et l'avala d'un trait.

— Excusez-moi, dit-il, je n'y étais pas. De quoi parliez-vous ?

— Prendy parlait d'un lion de mer qui jongle avec un parapluie et deux oranges.

— Peuh ! ce n'est rien ! Moi je sais jongler avec une bouteille, un cube de glace et deux couteaux. Regardez !

— Grimes, du calme ! Tout le monde nous regarde.

Le maître d'hôtel arrivait, le regard froid, la lèvre mince.

— Veuillez ne pas oublier où vous êtes, *sir*, dit-il à Grimes.

— Je le sais très bien où je suis ! répondit celui-ci en haussant la voix. Je suis dans un hôtel que mon ami Sir Solomon Philbrick va acheter, et je vous fiche mon billet que le premier à se retrouver au chômage quand ce sera fait, ce sera vous !

Il consentit néanmoins à déposer ses accessoires, et Mr. Prendergast put engloutir deux pêches Melba sans être dérangé.

— Allons, c'est fini, dit Grimes. Nous allons maintenant nous amuser.

13. Disparition d'un public school man

Six jours plus tard, l'École fut gratifiée d'une demi-journée de congé et l'union bigame du capitaine Grimes et de Florence Sélina Fagan fut célébrée en l'église paroissiale de Llanabba. Une légère blessure à la main l'ayant empêché de se mettre à l'orgue, Paul accompagna Mr. Prendergast qui, à son corps défendant, avait été chargé par le docteur de conduire la mariée à l'autel.

— Je ne serai pas présent, avait dit le docteur. Toute cette affaire m'est des plus pénibles.

À cette exception près, toute l'École était présente, moins le petit lord Coney dont le pied devait être amputé ce jour-là à la clinique locale. Dans l'ensemble, les élèves parurent apprécier la diversion, sauf Clutterbuck qui semblait enclin à bouder.

— Je ne pense pas qu'ils auront de très beaux enfants, dit Beste-Chetwynde.

La corbeille était maigre. Les élèves avaient versé chacun un shilling pour l'achat à Llandudno d'une théière argentée de style vaguement art nouveau. Le docteur avait donné un chèque de vingt-cinq livres et

Mr. Prendergast une canne. « Comme cela, il ne m'empruntera plus la mienne », avait-il dit. Dingy, généreuse, offrait deux cadres de photo, un calendrier et un plateau de cuivre de Bénarès. Paul était le témoin du marié.

L'office divin se déroula sans encombre, l'épouse irlandaise du marié étant restée à l'écart. Flossie portait une robe de velours très remarquée et un chapeau à plumes roses assorti.

— Je suis très contente qu'il n'ait pas insisté pour que je sois en blanc, avait-elle dit, ajoutant : j'aurais pourtant pu la faire teindre après.

L'un et l'autre conjoint répondirent fermement à la question, après quoi le pasteur prononça une émouvante homélie sur l'Amour conjugal et le Foyer :

— Il est beau et consolant, dit-il, de voir deux jeunes gens affronter ensemble la vie avec la bénédiction de l'Église. Mais combien plus belle et consolante est l'union d'un homme et d'une femme qui, ayant atteint la plénitude de leur être, se disent l'un à l'autre : « Notre expérience de la vie nous a enseigné qu'il n'était pas bon d'être seul. »

À la sortie de l'église, les élèves alignés de chaque côté de l'allée poussèrent trois hourras pour le capitaine et Mrs. Grimes.

On revint au château. Le voyage de noces ayant été retardé jusqu'à la fin du trimestre qui avait lieu dans dix jours, l'entrée en vie commune du jeune couple avait été quelque peu improvisée. « Vous vous débrouillerez, avait dit le docteur, je suppose que vous allez vouloir coucher dans la même chambre ? Dans ce cas je ne vois pas d'inconvénient à ce que vous preniez la grande chambre de la tour de l'Ouest. Elle est un peu humide, mais Diane vous y fera faire du feu. Vous pourrez utiliser le petit salon pour vos soirées, et bien entendu le capitaine Grimes prendra ses repas à ma table. Mais je ne souhaite pas le voir dans mon salon et encore moins dans ma bibliothèque : il n'aura qu'à laisser sa toge et ses livres dans la salle des professeurs. À la rentrée, nous verrons à modifier ces dispositions. Je pourrai peut-être vous donner un des pavillons de garde ou bien vous aménager une sorte de salon dans la tour. Je ne pouvais tout de même pas prévoir pareil chambardement domestique !

Diane, vraiment très bien d'un bout à l'autre, leur mit un pot de fleurs sur la cheminée et y fit faire un feu d'une témérité inouïe, alimenté avec les restes de plusieurs pupitres et de deux boîtes à provisions d'élèves.

Le soir de la noce, tandis que Mr. Prendergast faisait l'étude, Grimes vint voir Paul dans la salle des professeurs. Il avait l'air mal à l'aise dans ses vêtements de soirée.

— Je sors de table, dit-il. Le beau-père ne se refuse rien.

— Comment te sens-tu ?

— Couci-couça, vieux. Les premiers jours sont toujours difficiles, même dans le plus romantique des mariages. Le beau-père est comme qui dirait de glace et je prévois que la fonte sera longue et dangereuse. J'imagine que tu vas dire qu'en tant qu'homme marié je ne dois pas aller chez Mrs. Roberts ce soir ?

— En effet, ça ferait plutôt drôle, je crois.

— Écoute : Flossie est au piano, Dingy fait les comptes et le vieux s'est barricadé dans la bibliothèque. Nous avons tout juste le temps d'y aller faire un saut.

Ils prirent le chemin familier, bras dessus bras dessous.

— C'est moi qui paie ce soir, dit Grimes.

La Clique était toujours là à discuter le partage.

— On dit que marié cet après-midi vous vous êtes ? dit le chef à Grimes.

— C'est exact.

— Et ma belle-sœur jamais du tout vous n'avez voulu la voir !

— Tu vas la fermer, hein ? Tu manques de tact, Toscanini ! Mais je suis bon prince : si tu promets de ne plus m'emmerder, je vous fais tous servir une chope.

À la fermeture, Paul et Grimes remontèrent au château. Une lumière brillait dans la tour de l'Ouest.

— La voilà qui m'attend maintenant ! dit Grimes. Il y a des types qui pourraient trouver ça très romantique, une lumière qui brille à la fenêtre d'une tour solitaire. Il y a un poème là-dessus, mais je l'ai oublié. Il fut un temps où je raffolais du genre ; les tours de château et les belles dames sans merci y revenaient à tout bout de champ. On vieillit, vieux, on vieillit !

Il s'engagea dans la longue galerie qui menait à la tour.

— Au revoir, vieux ! Voilà mon chemin maintenant ! La lourde porte capitonnée se referma sur lui.

En fait, Paul eut rarement l'occasion de revoir Grimes pendant les quelques jours qui suivirent. Ils se rencontraient brièvement à l'assemblée et pendant leurs allées et venues. Mais la porte qui coupait l'école de l'aile occupée par le docteur et sa famille les séparait impitoyablement. Un soir, Mr. Prendergast, maître désormais incontesté d'un des deux fauteuils, fumait sa pipe quand il dit soudain :

— Savez-vous que Grimes me manque ? Je ne l'aurais pas cru, mais c'est un fait. Avec tous ses défauts, il avait de la gaieté. Et je crois que nous commencions à mieux nous entendre.

— Il n'est plus aussi gai qu'il l'a été, dit Paul. Je ne crois pas que la vie de château lui plaise beaucoup.

À ce moment, la porte s'entrebâilla et la tête de Grimes apparut :

— Je ne vous dérange pas ? demanda-t-il timidement.

Ils se levèrent pour l'accueillir.

— Une petite minute seulement.

— Mon cher ami, dit Mr. Prendergast, je disais justement que vous nous manquiez. Venez donc vous asseoir, et prenez de mon tabac.

— Merci ! Il fallait absolument que je vienne tailler une bavette avec vous ! Vous ne pouvez pas savoir comme j'en ai ras le bol ! Parlez-moi de la vie conjugale ! Ce n'est pas Flossie, remarquez. Avec elle, ça va plutôt bien, et je commence même à la trouver presque sympathique. Non, c'est le docteur. Il ne me laisse pas une minute tranquille. J'en ai les nerfs en pelote. Toujours à ricaner et à trouver à redire ! Vous connaissez la manière dont lady Salvage parle au père Clutterbuck ? C'est exactement pareil : il me rabaisse continuellement, au point que j'en arrive à appréhender les repas. Il a toujours l'air de savoir à l'avance tout ce que je vais dire, et quand je le dis il trouve que c'est encore plus moche que ce qu'il avait craint. Flossie dit qu'il est presque toujours comme ça avec elle. Mais avec moi, c'est tout le temps !

— Il ne le fait pas exprès, dit Paul. À ta place, je ne ferais pas attention.

— Impossible, mon vieux ! Tiens-toi bien : je commence à me rendre compte qu'il a raison ! C'est indiscutable : je suis un pauvre type ! Je ne connais personne d'important, j'ignore tout des arts, je m'habille tout fait, et tout et tout ! Sûr que je ne fais pas partie du gratin, comme il dit. Je ne l'ai jamais prétendu, mais jusqu'ici ça m'était égal. Je n'étais pas fier, non, ce n'est pas ça, mais je croyais bien en valoir un autre et je me foutais du qu'en-dira-t-on pourvu que j'aie mon plaisir. Et je l'avais, mon plaisir ; et qui plus est, j'y tenais. Mais maintenant que je vis avec lui, j'ai changé. J'ai à moitié honte de moi presque tout le temps, et je commence même à voir son œil sourcilleux dans tous les regards.

— Je connais ce sentiment, soupira Mr. Prendergast.

— J'avais la faiblesse de croire que j'étais bien vu des élèves. Eh bien, ce n'est pas vrai. Et chez Mrs. Roberts, s'ils font semblant de m'avoir à la bonne, c'est parce que je leur paie des tournées. Jamais ils ne m'en ont rendu une. Je croyais que c'était parce qu'ils sont gallois, mais je vois bien maintenant que c'est parce qu'ils me méprisent. Je ne les en blâme pas : je me méprise moi-même. Vous savez que j'avais l'habitude d'user de locutions françaises, comme *savoir-faire et je ne sais quoi* ? Je le faisais sans y penser, comme tout le monde, et je reconnais que mon accent est mauvais. Que voulez-vous, je n'ai été en France que pour cette sacrée guerre ! Eh bien, chaque fois que je sors une de ces expressions, le docteur fait la grimace comme s'il avait mordu sur une dent mauvaise. Il faut tout le temps que je réfléchisse avant d'ouvrir la bouche, pour être sûr que je ne vais rien dire de français ou que je ne vais pas employer une de ces expressions qu'il trouve vulgaires. Puis, quand j'arrive à sortir quelque chose, ma voix me semble si drôle que je m'embrouille et qu'il se met à tiquer. Voilà une semaine que ça dure. Dingy, c'est pareil, elle ne dit plus un mot. Et il fait tout le temps des remarques désobligeantes sur les robes de Flossie qui n'a pas l'air de comprendre, heureusement ! Ce type me rendra fou avant les vacances.

— Dans une semaine, dit Paul, et ce fut tout ce qu'il trouva à dire pour consoler son ami.

Le lendemain, à l'assemblée, Grimes tendit une lettre à Paul, en disant :

— *Ironie.*

Paul la déplia et lut :

John Clutterbuck & Fils,
Brasseurs et Marchands de vins en gros

Mon cher Grimes,

L'autre jour aux Sports, vous m'avez demandé si par hasard il n'y aurait pas pour vous une situation à la Brasserie. Je ne sais pas si vous parliez sérieusement, mais s'il en était bien ainsi, je suis heureux de vous apprendre qu'une vacance vient de se produire qui pourrait vous convenir. Pour ma part, je serais enchanté de l'offrir **à** *un ami qui a été si gentil avec Percy. Nous employons un certain nombre de voyageurs qui vont dans les hôtels et les auberges pour essayer la bière et* *s'assurer qu'elle n'a pas été coupée ou autrement frelatée. L'un de ces voyageurs, que j'avais connu à Cambridge, vient d'attraper le* delirium tremens *et nous avons dû le suspendre. Le salaire est de deux cents livres par an, avec voiture de fonction et frais de déplacement. Si cela vous intéresse, faites-le-moi savoir avant la fin de la semaine. Sincèrement vôtre, Sam.*

— Tu te rends compte ? dit Grimes. Le job du siècle dans la poche ! Dix jours plus tôt et toute ma vie était changée.

— Tu ne vas pas le prendre ?

— Trop tard, mon vieux, trop tard ! Ce sont là les mots les plus tristes du saint langage humain !

Cependant, au cours de la récréation, Grimes revint et dit à Paul : « Écoute, mon vieux : j'ai décidé d'accepter l'offre de Sam Clutterbuck, et que les Fagan aillent se faire foutre ! » Ses yeux brillaient d'émotion. « Je partirai sans dire ni laisser un mot. Ils diront ce qu'ils voudront, je m'en balance ! »

— Juste ! dit Paul. C'est bien ce que tu as de mieux à faire.

— Je me taille cet après-midi même.

Une heure plus tard, après les classes du matin, ils se retrouvaient :

— J'ai bien réfléchi sur cette lettre, dit Grimes. C'est un piège à cons.

— Tu es fou ! dit Paul. Va voir Sam tout de suite.

— Non, non, je te dis que ce n'est pas sérieux. Ils savent par Percy que je suis marié et ils me font marcher. C'était trop beau ! Pourquoi iraient-ils m'offrir un pareil job, *à moi* ? À supposer que ce job puisse exister.

— Je suis absolument certain, quant à moi, qu'il s'agit d'une proposition sérieuse. De toute façon, tu n'as rien à perdre en allant les voir.

— Non, il est trop tard, mon vieux. Des choses pareilles, ça n'arrive pas.

Et Grimes disparut derrière la porte capitonnée.

Le lendemain, un nouveau malheur s'abattit sur Llanabba Castle. Deux hommes à godillots, chapeau melon et manteaux gris souris à épaules rembourrées, se présentèrent avec un mandat d'arrêt au nom de Philbrick. On le chercha en vain et on finit par découvrir qu'il avait pris le train du matin pour Holyhead. Les élèves entouraient les policiers avec une curiosité nuancée de dédain. Ils n'étaient guère impressionnants, debout dans le hall, le melon dans une main et le verre de whisky dans l'autre, respectueux devant Dingy qu'ils appelaient Miss.

— Nous l'avions dans le collimateur depuis quelque temps, pas vrai, Bill ?

— Six mois. C'est embêtant qu'il nous ait glissé comme ça entre les pattes. On a de plus en plus de mal à récupérer les notes de frais.

— C'est sérieux ? demanda Mr. Prendergast. Il n'a tiré sur personne, j'espère ?

— Non, pas de sang encore à l'heure qu'il est, *sir*. Je ne devrais pas vous en parler, mais vu que vous êtes tous plus ou moins mêlés à l'affaire, je peux vous dire qu'à mon avis il s'en tirera en plaidant la folie.

— Qu'est-ce qu'il a fait ?

— Faux semblant et substitution de personne, *sir*. Cinq chefs d'accusation dans différentes parties du pays. Il arrive dans les hôtels en se faisant passer pour un magnat, mène un train de lord pendant quelque temps, touche un gros chèque à la réception et disparaît. Il se fait appeler Sir Solomon Philbrick, et le plus drôle, c'est qu'il croit certainement tout ce qu'il raconte. J'en ai vu pas mal des cas comme celui-là. Dans le Somerset, il y avait ce type qui se prenait pour l'évêque de Bath et Wells et qui donnait la communion à tous les gosses. On lui aurait donné le Bon Dieu sans confession.

— En tout cas, il est parti sans toucher ses gages, dit Dingy.

— J'ai toujours pensé qu'on ne pouvait pas lui faire confiance, dit Mr. Prendergast.

— Il a de la chance, dit Grimes d'une voix sépulcrale.

— Grimes m'inquiète, dit Mr. Prendergast ce soir-là. Jamais je n'ai vu un homme changer à ce point. C'était un type sûr de lui, pétardier même : tout à l'heure il est venu me demander, tout doucement, si je pensais que la Justice divine s'exerçait dès ce monde ou seulement dans l'autre. Je lui ai dit ce que j'en pensais, mais il n'écoutait pas. Il a poussé deux ou trois longs soupirs et il est parti sans dire un mot, avant que j'aie fini. Beste-Chetwynde m'a dit qu'il avait consigné toute la classe parce que le tableau noir était tombé par terre. Il est persuadé qu'ils l'ont fait exprès.

— C'est effectivement une de leurs façons de se manifester.

— Mais cette fois ce n'était pas le cas. Beste-Chetwynde m'a dit qu'il leur faisait peur, rien que par le son de sa voix. Comme dans *Macbeth*, a-t-il dit.

— Pauvre Grimes ! Il est au bout de son rouleau. Vivement les vacances !

Mais le capitaine Grimes n'attendit pas les vacances. Trois jours plus tard, il ne se présenta pas à l'assemblée du matin, et Flossie, les yeux rouges, avoua qu'il n'était pas rentré du village la veille au soir. On put tirer de Mr. Davies, le chef de gare, qu'il avait vu Grimes en état de dépression pendant la soirée. Juste avant le déjeuner, un jouvenceau se présenta au château avec une pile de vêtements qu'il avait trouvée sur la grève. Ils appartenaient à Grimes. On trouva dans une des poches du veston une enveloppe adressée au docteur, avec une simple feuille de papier portant ces mots : *Celui qui vit par la chair périra par la chair.*

Dans toute la mesure du possible, on essaya de cacher ce détail aux élèves.

Flossie, bien que visiblement éprouvée par cette fin précoce de sa vie conjugale, prit la ferme résolution de ne pas porter le deuil : « Mon mari ne l'aurait pas voulu », dit-elle.

Sur ces tristes entrefaites, les élèves partirent en vacances de Pâques.

Deuxième partie

1. King's Thursday

Margot Beste-Chetwynde possédait deux maisons en Angleterre, l'une à Londres et l'autre dans le Hampshire. Tandis que son hôtel de Londres, construit pendant le règne de William et Mary, était de l'avis universel le plus bel édifice qu'on pût trouver entre Bond Street et Park Lane, l'opinion était farouchement divisée sur sa maison de campagne, d'un modernisme tel qu'elle n'était pas encore terminée quand Paul y arriva pour les vacances de Pâques. Aucune péripétie de la carrière mouvementée et parfois scandaleuse de Mrs. Beste-Chetwynde ne suscita jamais autant de commentaires malveillants que la construction, ou plutôt la reconstruction, de cette remarquable demeure.

La propriété s'appelait King's Thursday, sans doute parce qu'un monarque y avait couché un jeudi. Depuis le règne de Bloody Mary, elle était le siège des comtes de Pastmaster. Pendant trois siècles, la pauvreté de cette noble famille et son inertie congénitale avaient réussi à protéger le château contre toutes les modes qui avaient successivement sévi dans le domaine de l'architecture domestique. Aucune aile n'avait été ajoutée, aucune fenêtre camouflée ; aucun portique ou revêtement, aucune tour, terrasse ou orangerie n'étaient venus gâter la pure façade à poutres apparentes. King's Thursday avait traversé toute la crise du chauffage central et du sanitaire moderne sans voir apparaître un seul fumiste, un seul plombier. Comme tous ses prédécesseurs, le menuisier en chef, dont l'office était héréditaire depuis le lambrissage de la grande salle et la sculpture de l'escalier d'honneur, effectuait à l'occasion quelques restaurations nécessaires à la préservation de l'ensemble, employant les mêmes méthodes et les mêmes outils que ses ancêtres, de sorte que son œuvre se fondait dans celle des siècles précédents. Des chandelles à mèche de jonc papillotaient encore dans les chambres à coucher quand tous les nobles voisins de lord Pastmaster avaient déjà depuis longtemps l'électricité. Conséquence tardive et imprévisible de cette respectable incurie : tout le Hampshire était fier de King's Thursday. Longtemps considéré comme la honte du comté, le château avait fini par devenir La Mecque des week-ends bucoliques. Le dimanche, les maîtresses de maison aux abois disaient à leurs tablées désœuvrées : « Allons donc prendre le thé chez les Pastmaster. La maison est unique : le professeur Franks, qui était ici la semaine dernière, m'assure que c'est le plus bel exemple existant de l'architecture domestique du temps des Tudors. »

On ne pouvait évidemment pas téléphoner aux Pastmaster ; mais ils étaient toujours *at home* et ravis sans la moindre affectation de recevoir leurs voisins. Après le thé, lord Pastmaster emmenait ses hôtes en visite guidée le long des vastes galeries et à travers les appartements, leur montrant du doigt le « trou du prêtre », ou le placard où le troisième comte avait séquestré sa femme pour avoir voulu refaire une cheminée qui fumait. « Cette cheminée fume encore par vent d'est », concluait-il avec satisfaction.

Les visiteurs remontaient dans leurs limousines et regagnaient leurs manoirs restaurés où, reposant dans les vapeurs de leurs grandes baignoires, les plus impressionnables pouvaient méditer à leur aise sur le privilège insigne qui venait de leur être accordé de quitter le siècle pour se plonger un instant dans la vie oisive et prosaïque de la Renaissance anglaise, pour causer, autour d'une tasse de thé, de sports sanglants et de la réforme du Rituel, exactement comme les arrière-arrière-grands-parents de leur hôte avaient devisé dans les mêmes fauteuils et devant le même feu trois siècles plus tôt, tandis que leurs propres ancêtres dormaient peut-être sur la paille au milieu des marchandises aromatiques de quelque ghetto hanséatique.

Mais un jour il advint qu'il fallut bien vendre King's Thursday. La maison datait d'un âge où une domesticité de vingt personnes et plus ne passait guère pour extravagante, et pour cause. Mais les

Beste-Chetwynde avaient fini par s'apercevoir que les gens de maison étaient beaucoup moins sensibles aux charmes de la simplicité Tudor que leurs maîtres. Les chambres glacées où les siècles les avaient relégués jusqu'alors, au milieu des échafaudages de poutres qui soutenaient les grands combles, n'étaient plus du goût et ne convenaient plus aux exigences d'un personnel conscient et organisé. Seules des cuisinières malodorantes et promptes à lever le coude pouvaient consentir à affronter les courants d'air des immenses cuisines dallées pour y tourner la broche devant un feu d'enfer ; les chambrières les plus rondelettes fondaient comme suif à gravir au petit matin les étroits escaliers de service et à trotter le long des galeries avec les pots d'eau chaude nécessaires à d'innombrables bains. La démocratie moderne exigeait des ascenseurs et mille gadgets électro-ménagers, des robinets d'eau froide ou chaude et même (abomination !) d'eau potable, comme chez les Américains.

Lord Pastmaster dut donc se résoudre à vendre, avec moins de chagrin d'ailleurs qu'on n'en attendait de lui, car il ne voyait guère pourquoi son entourage faisait tant d'histoires. L'histoire, la tradition, tout cela était bel et bon, mais son goût à lui allait aux volets verts et à la végétation semi-tropicale d'une bonne villa sur la Riviera française. En cela, si seulement ses critiques avaient bien voulu se renseigner, il demeurait beaucoup plus fidèle à la vraie tradition de sa famille qu'en continuant à lutter pour King's Thursday. Mais la société du comté somnolait, et la consternation qui régna d'abord non seulement dans les grandes maisons mais encore dans les chalets et villas était bien léthargique, malgré les efforts de pasteurs faussement érudits qui, du fond de leurs presbytères, prophétisaient les désastres qui s'abattraient sur les cultures et les cheptels quand le dernier Beste-Chetwynde aurait quitté King's Thursday. L'historien traditionaliste Jack Spire s'enflamma et lança le *Fonds de Préservation de King's Thursday*, mais la campagne ne rapporta qu'une fraction infime de la somme respectable que lord Pastmaster avait eu le bon sens d'exiger. On parla alors sérieusement, dans les milieux archaïsants, d'un transfert pierre par pierre aux environs de Cincinnati (USA).

C'est ainsi que la nouvelle de l'acquisition de la propriété par la riche belle-sœur de lord Pastmaster fut accueillie avec la plus grande satisfaction par le voisinage et par Mr. Jack Spire lui-même. *Teneat bene Beste-Chetwynde*, cette fière devise sculptée dans la cheminée de la grande salle refleurit sur toutes les lèvres pieuses. Les amoureux du passé exultaient, car Margot n'était connue dans le Hampshire que par ses photos de presse, nombreuses et toujours très spectaculaires. Au dernier reporter venu l'interviewer, elle avait textuellement déclaré : « Je ne connais rien de plus affreusement bourgeois que l'architecture à poutres des Tudors. » Mais sans doute le journaliste avait-il mal compris ; toujours est-il que ce jugement inquiétant n'avait pas paru dans la légende de la photo qui la représentait au volant de son Hispano.

King's Thursday était inhabité depuis deux ans quand elle le racheta. Elle n'y avait fait qu'une brève apparition lors de ses fiançailles.

— C'est pire que je croyais, dit la nouvelle propriétaire en remontant la grande avenue qui menait au château, que les villageois avaient décorée en son honneur des drapeaux des anciens alliés. « *Liberty's* n'est rien à côté. » Elle s'agitait fébrilement dans la voiture au souvenir – combien lointain déjà – de la jeune héritière romantique qui s'avançait, ravie, au milieu des ifs taillés dans l'odeur du chèvrefeuille.

Le jour où la décision de Margot Beste-Chetwynde de reconstruire King's Thursday fut rendue publique, Mr. Jack Spire était occupé au sauvetage de l'église de Saint-Sépulcre, où le Dr. Johnson passe pour avoir assisté à matines. Informé néanmoins, il se recueillit un instant, déclara d'une voix grave : « Nous avons fait tout ce qui était humainement possible », releva la tête et repartit à l'assaut de Saint-Sépulcre.

Les voisins furent moins stoïques. À mesure qu'avançait le démantèlement, exécuté avec les moyens les plus pulvérisants de la technologie moderne, leur sainte colère s'attisait, ne connaissait plus de bornes. Ils allèrent jusqu'à organiser des expéditions vengeresses et nocturnes d'où ils rentraient nantis d'un butin de vieilles pierres sculptées propres à embellir leurs jardins de rocaille ; jusqu'au moment où les entrepreneurs, qui ne dédaignaient pas non plus ces vestiges, se virent contraints de mettre en place une armée de vigiles à la détente facile. Les lambris furent vendus à un musée de South Kensington où ils devaient faire l'admiration des étudiants hindous. Neuf mois après l'entrée en jouissance, l'architecte de Mrs. Beste-Chetwynde était à pied d'œuvre.

King's Thursday était le premier chantier important d'Otto Friedrich Silenus. « Quelque chose de propre et de carré », avait dit Mrs. Beste-Chetwynde avant de partir pour un de ses mystérieux voyages autour du monde. « Et que ce soit terminé, je vous prie, avant le printemps prochain. »

Le professeur Silenus – tel fut le titre que prit alors ce remarquable jeune homme – était une « découverte » de Mrs. Beste-Chetwynde. Il n'était pas encore célèbre à l'époque, mais tous ceux qui avaient l'heur de le connaître avaient déjà retiré des impressions profondes et diverses de son génie. Il avait attiré l'attention de Mrs. Beste-Chetwynde par son projet, finalement non agréé, pour une usine de chewing-gum qui avait paru dans une revue trimestrielle hongroise. Son unique ouvrage réalisé était les décors d'un film à grand spectacle dont l'intrigue fortement structurée avait été occultée par l'élimination systématique de tout personnage humain par le producteur ; ce geste héroïque n'ayant pas eu les résultats commerciaux escomptés, le génial Silenus mourait de faim dans une petite chambre de Bloomsbury, à l'insu de ses parents, riches industriels d'Altona, quand Mrs. Beste-Chetwynde lui confia la mission de reconstruire King's Thursday, c'est-à-dire de trouver quelque chose de propre et de carré. Après avoir au préalable médité sur les implications esthétiques de cette directive, Silenus se mit au travail.

— Le problème de l'architecture telle que je la conçois, dit-il à un journaliste venu aux nouvelles, est le problème de toute forme artistique, à savoir l'élimination totale de l'élément humain des structures retenues. Le seul édifice parfait ne saurait être que l'usine, puisque celle-ci est destinée à abriter des machines avant tout, et accessoirement seulement des hommes. Je ne pense pas que l'architecture domestique puisse réellement être belle, mais je ferai de mon mieux. L'important est que vos lecteurs sachent que tout le mal vient de l'homme. L'homme n'est jamais beau, jamais heureux que lorsqu'il devient la courroie de transmission de la force mécanique.

Le journaliste n'avait pas l'air convaincu :

— Dites-moi, professeur, est-il vrai que vous ayez refusé tous honoraires pour ce travail ?

— Non, dit Silenus.

« Dommage », pensa le journaliste. Malgré tout, le papier commençait à prendre tournure dans son esprit : *La belle-sœur du Pair et son Architecte. Où va l'architecture ? Les machines vont-elles habiter les maisons ? Révélations sensationnelles du professeur architecte.* Il était temps de rentrer.

Le professeur Silenus reconduisit le journaliste jusqu'au perron et porta un biscuit à sa bouche.

— Je suppose qu'il faudra un escalier ? se dit-il en mâchonnant. Pourquoi ne peuvent-ils rester en place ? Monter, descendre, entrer, sortir, tourner en rond ! Pourquoi ne se contentent-ils pas d'un seul poste de travail ? Est-ce que les dynamos ont besoin d'escaliers ? et les singes de maisons ? Quelle misère primitive, immature, autodestructrice est celle de l'homme ! Quelle obscure et grossière comédie il joue sur les tréteaux branlants de son évolution ! Que sont donc assommantes les pensées qu'il confectionne à sa propre louange ! Quel corps difforme et mal adapté ! Quelles dysfonctions dans son âme ! D'une part les instincts harmonieux et les réactions équilibrées de l'animal, de l'autre la mécanique implacable de la machine, et au milieu l'homme, également aliéné de *l'être* de la nature et du *faire* de la machine, l'homme, vil *devenir* !

Deux heures plus tard, quand le contremaître chargé du malaxeur vint prendre les instructions du professeur, celui-ci n'avait pas bougé : ses yeux de faon étaient toujours fixes et sans expression, et la main qui avait tenu le biscuit continuait à aller et venir à un rythme régulier, tandis que ses mâchoires mastiquaient le vide. Tout le reste de son corps était parfaitement immobile.

2. Intermède dans Belgravia

Arthur Potts était au courant de King's Thursday et du professeur Silenus.

Le jour de son arrivée à Londres, Paul téléphona à son ami et l'invita à dîner au Queen's Restaurant dans Sloane Square. Il lui semblait tout à fait naturel de se retrouver avec lui à la table où ils avaient tant de fois discuté de sujets d'importance, tels que le budget, la contraception ou les mosaïques byzantines. Pour la première fois depuis la méchante soirée Bollinger, il se sentait parfaitement à l'aise. Llanabba Castle, avec ses mâchicoulis pour rire et ses habitants saugrenus, s'estompait pour lui dans les limbes qui succèdent aux plus sinistres des cauchemars. À sa place : la ratatouille niçoise et les piments, le bourgogne blanc, le regard sérieux d'Arthur Potts, et, à la patère, le chapeau noir qu'il venait de s'acheter dans Saint-Jame's Street. Pour une soirée au moins, l'ombre chinoise qui a hanté jusqu'ici ce récit sous le nom de Paul Pennyfeather se métamorphosa en un jeune homme de chair et d'os, intelligent, instruit et bien élevé, capable de voter avec discernement et en gardant le détachement qui sied toujours en matière d'élections, d'exprimer une opinion de qualité supérieure à la moyenne sur un ballet ou un essai critique, de commander un dîner avec aisance et, sans écorcher la langue française, de piloter les bagages dans une gare étrangère, bref de s'acquitter avec honneur des mille et une obligations de la vie civilisée. C'était là le Paul Pennyfeather qui avait grandi tout au long des paisibles années qui ont précédé ce récit, lequel n'est au fond que l'histoire de la mystérieuse disparition de Paul Pennyfeather, à qui le lecteur est prié de faire grâce si l'ombre qui a pris son nom ne parvient pas à remplir tout à fait les difficiles fonctions de héros que l'auteur lui avait d'abord assignées.

— J'ai vu des travaux d'Otto Silenus à Munich, dit Potts. C'est un type qu'il ne faut pas perdre de vue. Il a été à Moscou et au *Bauhaus* de Dessau. Et pourtant, il ne peut pas avoir plus de vingt-cinq ans. Il y avait des photos du nouveau King's Thursday dans le journal l'autre jour. Passionnant ! On dit que c'est la seule chose véritablement originale depuis Claude-Nicolas Ledoux. En tout cas, il s'est drôlement démarqué de Le Corbusier.

— Si seulement les gens voulaient bien réfléchir un peu, dit Paul, ils verraient que Le Corbusier n'est au fond qu'un utilitariste du XIXe siècle, très proche de l'École de Manchester. C'est d'ailleurs pour cela qu'on l'apprécie, mais sans le savoir.

Paul narra ensuite à son ami la mort de Grimes et les Doutes de Mr. Prendergast, et Potts apprit à Paul qu'il venait d'obtenir un poste à la Société des Nations, pour lequel il allait abandonner ses études, au grand dam de son père qui n'avait jamais été un homme éclairé.

Ainsi, le temps d'une soirée, Paul redevint un homme. Mais le lendemain il se leva pour jeter de nouveau sa dépouille aux orties, quelque part entre Sloane Square et Onslow Square. Il devait rencontrer le jeune Beste-Chetwynde le matin même et prendre avec lui le train pour King's Thursday, où allait reprendre son extraordinaire aventure. Du point de vue de cette histoire, cette seconde disparition de Paul est nécessaire, puisque, aussi bien – le lecteur l'aura senti –, Paul Pennyfeather n'aurait jamais pu faire un héros, son unique intérêt découlant de la qualité de témoin et de faire-valoir assumée par son ombre.

3. Pervigilium Veneris

— Je suis impatient de voir notre nouvelle maison, dit Beste-Chetwynde dans la voiture qui était venue les chercher à la gare. Maman dit que je vais peut-être être surpris.

L'entrée, avec la maison du garde, n'avait pas été touchée, et la femme du garde, portant un tablier blanc comme celui de Mme Noé, fit de petites révérences à la voiture qui passait entre les piliers. Le doux soleil d'avril perçait les branchages des marronniers bourgeonnants et gravait en gros traits leurs troncs encadrant des échappées de parc anglais jusqu'à la lointaine perspective d'un lac. « Le printemps anglais, le rêve ancestral de la campagne anglaise », pensa Paul. Sûrement ces grands marronniers baignant dans la lumière de midi devaient représenter quelque chose de serein et de durable au sein d'un monde qui avait perdu la raison et resteraient debout bien après que le chaos et la confusion seraient oubliés. Et c'était sûrement l'esprit de William Morris qui, dans l'automobile de Margot Beste-Chetwynde, chantait à son oreille les semailles et les moissons, la majestueuse succession des saisons, l'harmonieuse symbiose des riches et des pauvres, de la dignité, de l'innocence et de la tradition. Cette musique cessa brusquement à un tournant de l'avenue. Ils venaient de voir la maison.

— Mince ! dit Beste-Chetwynde. Cette fois, maman a fait tilt !

La voiture s'immobilisa. Une fois descendus, ils se dégourdirent un peu les jambes avant d'être conduits, sur un sol de verre vert bouteille, jusqu'à la salle à manger où déjeunait Mrs. Beste-Chetwynde à une table d'ébonite.

— Mes chers enfants, dit-elle en leur tendant à chacun une main, vous me ravissez ! Je n'attendais que votre arrivée pour aller me coucher.

Elle était mille fois plus belle que dans les souvenirs les plus enfiévrés de Paul. Il la contemplait, transporté.

— Mon darling, comment vas-tu ? dit-elle. Sais-tu que tu deviens très beau à ta façon de petit poulain ? Tu ne penses pas, Otto ?

Paul n'avait remarqué que Mrs. Beste-Chetwynde. Il s'aperçut maintenant qu'un jeune homme était assis à côté d'elle, avec des cheveux très clairs et de grosses lunettes, derrière lesquelles ses yeux évoluaient comme de fins poissons dans un aquarium. Tirés de leur somnolence, ils fondirent sur le petit Beste-Chetwynde en lançant des éclairs irisés.

— Sa tête est trop grosse et ses mains trop petites, dit le professeur Silenus. Mais sa peau est jolie.

— Je fais un cocktail à Mr. Pennyfeather, maman ? dit Beste-Chetwynde.

— J'allais te le demander, Peter ! Tu les fais si bien ! Vous ne pouvez pas savoir quelle semaine je viens de passer, avec le déménagement et la visite des photographes ! La maison d'Otto n'a pas l'air de trop plaire à la gentry du coin, n'est-il pas vrai, Otto ? Vous vous souvenez de ce que nous a dit lady Vanburgh ?

— La dame qui ressemble à Bismarck ?

— Oui, darling.

— Elle a dit qu'en tout cas le tout-à-l'égout devait fonctionner impeccablement et qu'il avait l'avantage d'être invisible.

— Et qu'est-ce que tu lui as répondu, dis ?

— « Vous avez envie de l'utiliser ? Moi oui », et je lui ai tourné le dos. Mais elle a parfaitement raison. C'est la seule partie de la maison qui soit tolérable. Je n'attends plus que l'achèvement des mosaïques pour partir et ne plus l'avoir sous les yeux.

— Vous ne l'aimez pas ? demanda Peter Beste-Chetwynde en agitant le shaker. Moi, je la trouve chouette, et Chokey serait de mon avis.

— Je déteste, j'abhorre, je vomis tout ce que je vois ici, dit gravement le professeur Silenus. Rien de ce que j'ai fait ne m'a jamais autant dégoûté.

Il poussa un profond soupir, se leva de la table et sortit de la pièce en gardant sa fourchette à la main.

— Otto est un vrai génie, dit Mrs. Beste-Chetwynde. Il faut être gentil avec lui, Peter. Il va y avoir foule demain pour le week-end, et, mon chéri, le Maltravers s'est encore invité. Tu ne voudrais pas l'avoir comme beau-père, n'est-ce pas, darling ?

— Non, dit Peter. S'il faut absolument que tu te remaries, prends au moins un type jeune et tranquille.

— Tu es un ange, Peter, et je t'obéirai. Mais pour l'instant, je vais aller me coucher. Fais donc les honneurs à Mr. Pennyfeather, chéri.

L'ascenseur en duralumin partit comme une fusée et Paul redescendit sur terre.

— Elle en a de bonnes, maman ! dit Peter. C'est la première fois que je viens ici. Déjeunons d'abord.

Il s'écoula trois jours avant que Paul ne revît Mrs. Beste-Chetwynde.

— Vous ne trouvez pas que c'est la femme la plus merveilleuse du monde ? dit Paul.

— Merveilleuse ? En quel sens ?

Paul et le professeur Silenus étaient debout sur la terrasse, après le dîner. À leurs pieds, les mosaïques inachevées étaient couvertes de planches et de toile de sac. La grande colonnade de verre noir brillait sous la lune. Au-delà de la balustrade d'aluminium poli, le parc s'étendait à l'infini. Tout était silencieux.

— En ce sens qu'elle est la plus belle et la plus libre. On dirait une créature d'une autre espèce. Vous ne sentez pas cela ?

— Non, dit le professeur après avoir réfléchi un instant. Je ne vous suis pas du tout. Si vous la comparez aux autres femmes de son âge, vous verrez que les particularités par lesquelles elle s'en distingue sont infinitésimales à côté des traits de similitude. Quelques millimètres par-ci, quelques millimètres par-là : de telles variations sont inévitables dans un système génétique aussi imparfait que le nôtre. Mais dans toutes ses fonctions essentielles, la digestion par exemple, elle est rigoureusement conforme au modèle général.

— Vous pourriez dire cela de n'importe quelle femme.

— Et je le dis. Mais justement, ce sont les variations de Margot qui me déplaisent souverainement. Elles sont minuscules mais indiscrètes comme les dents d'une scie. S'il en était autrement, je l'épouserais peut-être.

— Vous croyez qu'elle accepterait ?

— Parce que, je l'ai déjà dit, toutes ses fonctions essentielles sont parfaitement normales. Je vous vois venir et je vous réponds qu'elle m'a déjà demandé deux fois. La première fois, je lui ai dit que je réfléchirais. La seconde, j'ai refusé, et je suis sûr d'avoir eu raison. Elle serait terriblement encombrante. De plus, elle commence à vieillir. Dans dix ans elle sera usée.

Le professeur consulta sa montre, un disque en platine de chez Cartier, cadeau de Mrs. Beste-Chetwynde. « Il est dix heures moins le quart, dit-il. Temps de me coucher. » Il lança son cigare qui fit une brillante parabole par-dessus la balustrade. « Qu'est-ce que vous prenez pour dormir ? »

— Je dors facilement, dit Paul, sauf dans le train.

— Vous avez de la chance. Margot prend du Véronal. Je n'ai pas dormi depuis un an. C'est la raison pour laquelle je me couche tôt. On a davantage besoin de repos quand on ne dort pas.

Ce soir-là, quand il eut remis son signet dans *le Rameau d'Or* et fermé la lumière, Paul, avant de s'endormir, pensa longuement à ce jeune homme couché sur le dos à quelques pas de lui, immobile dans l'obscurité, les bras raides le long du corps, les jambes droites, les yeux fermés, et à son cerveau qui allait continuer à fonctionner toute la nuit, puisant toujours plus de forces dans son sang, les restituant sous forme d'idées qu'il allait entreposer comme du miel dans d'innombrables cellules, jusqu'au moment où, l'air se viciant autour de lui, le cerveau se mettrait à tourner à vide.

Ainsi donc, Margot Beste-Chetwynde voulait épouser Otto Silenus, et dans une autre chambre de cette extraordinaire maison elle aussi était couchée, étonnée, son beau corps frais et odorant immobile sous les draps. Et dehors, dans le parc, des milliers d'autres créatures dormaient, et au-delà, Arthur Potts, Mr. Prendergast, le chef de gare de Llanabba. À ces pensées, Paul ne tarda pas à sombrer dans le sommeil, tandis qu'au rez-de-chaussée Peter Beste-Chetwynde se mixait un brandy-soda et ouvrait le livre d'Havelock Ellis qui, après *le Vent dans les Saules*, était sa lecture favorite.

Les stores d'aluminium se levèrent avec un déclic et le soleil inonda la chambre à travers la vitre qui laissait passer les rayons ultra-violets. Une nouvelle journée commençait à King's Thursday.

De la fenêtre de sa salle de bains, Paul plongea son regard vers la terrasse. La couverture avait été enlevée, révélant le pavement mi-achevé de mosaïque écarlate et argent. Le professeur était déjà au travail, dirigeant deux ouvriers avec l'aide d'un plan.

Les invités du week-end arrivèrent les uns après les autres dans le courant de la journée, sans que Mrs. Beste-Chetwynde quittât sa chambre. Elle avait laissé à Peter le soin de les accueillir de sa plus jolie manière. Paul ne sut jamais tous leurs noms ni combien ils étaient au juste. Huit ou neuf, peut-être, mais comme ils échangeaient tout le temps leurs vêtements, parlaient tous avec la même voix et ne venaient pas à tous les repas, il pouvait tout aussi bien y en avoir plus d'une douzaine ou moins d'une demi-douzaine.

Les premiers à arriver furent l'honorable Miles Malpractice et David Lennox, le photographe. Ils descendirent d'un coupé électrique Edouard-VII en poussant de petits cris effarouchés et se précipitèrent vers la glace la plus proche. En un clin d'œil le gramophone entamait un fox-trot, David et Miles se mettaient à danser joue contre joue et Peter leur mélangeait un cocktail. À partir de ce moment, les arrivées se succédèrent, furtives et silencieuses ou marquées par des interpellations assourdissantes, selon le caractère des arrivants et leur situation dans la compagnie.

Pamela Popham, mâchoire carrée et l'air intrépide d'un chasseur de gros gibier, jeta un regard circulaire à travers ses lunettes, éclusa trois cocktails coup sur coup, s'écria *my God !* à deux reprises, snoba quelques amis et monta immédiatement se coucher en disant à Peter : « Tu diras à Olivia que je suis arrivée. »

Après le dîner, on alla en bande à un bal-tournoi-de-whist dans la salle des fêtes du village. Vers deux heures du matin, tout le monde reposait. Lord Parakeet arriva à trois heures du matin, en tenue de soirée et quelque peu éméché, s'étant échappé, quelques secondes auparavant, de la soirée londonienne où l'on fêtait le vingt et unième anniversaire d'Alastair Trumpington à Londres.

— Alastair a dû faire un bout de route avec moi, annonça-t-il, mais je crois qu'il a fini par tomber de la Torpédo.

Les invités, ou quelques-uns d'entre eux, s'étaient rassemblés en pyjama pour l'accueillir. Parakeet fit le tour de la compagnie en sautillant gaiement, pointant vers chacun la fine étrave de son nez blanc et lançant des obscénités à la ronde d'une voix aiguë. À quatre heures, toute la maison avait retrouvé le sommeil.

Seul l'un des invités paraissait mal à l'aise : c'était Sir Humphrey Maltravers, le ministre des Transports. Arrivé de bonne heure dans une très grande automobile, avec deux toutes petites valises, il détonna aussitôt en faisant remarquer l'absence de la maîtresse de maison.

— Margot ? Je ne l'ai pas encore vue, dit un membre de la bande.

— Je crois qu'elle est indisposée, dit un autre.

— Peut-être qu'elle s'est perdue dans la maison et cherche son chemin ?

— Vous n'avez qu'à demander à Peter.

Paul retrouva le ministre assis seul dans le jardin après le déjeuner, un grand cigare à la bouche, ses longues mains rousses croisées sur ses genoux, un chapeau mou incliné sur le front, son large visage rouge brique exprimant à la fois le défi et la désolation. Paul trouva qu'il ressemblait de manière désopilante à ses caricatures dans les journaux.

— Bonjour, jeune homme, dit le ministre. Où donc est tout le monde ?

— Je crois que Peter est en train de leur faire visiter la maison. L'intérieur est bien plus compliqué que l'extérieur. Voulez-vous vous joindre à eux ?

— Non merci, vraiment. Je suis venu ici pour me reposer. Tous ces jeunes gens me fatiguent. La session parlementaire est particulièrement dure. Vous vous intéressez à la politique ?

— Pas beaucoup.

— Vous avez raison. Je ne sais vraiment pas pourquoi je m'accroche. C'est une vie de chien, et croyez-moi, l'assiette au beurre c'est une blague. Si j'étais resté au barreau, je serais riche maintenant. Le repos, la richesse, la tranquillité, on ne commence à les apprécier que la quarantaine passée, quand on a plus de la moitié de sa vie derrière soi. Voilà une pensée solennelle que je vous livre, jeune homme : elle vous permettra peut-être d'éviter les erreurs les plus graves. Si les jeunes de vingt ans se rendaient compte qu'ils devront vivre la moitié de leur vie après quarante ans…

Il s'interrompit pour tomber dans une espèce de rêverie :

— Ah ! reprit-il, le chef de Mrs. Beste-Chetwynde et le jardin de Mrs. Beste-Chetwynde ! Que peut-on désirer de plus, sinon la présence même de notre belle hôtesse ? Vous la connaissez depuis longtemps ?

— Quelques semaines.

— Il n'y a personne comme elle !

Sir Humphrey inhala profondément la fumée de son cigare. De l'autre côté des haies d'ifs se faisaient entendre les accents criards du gramophone.

— Comment a-t-elle bien pu faire construire cette maison ? s'entourer de tous ces crétins ? Quel guêpier ! Une femme riche sans mari, cela fait jaser, forcément ! Ce qu'il faut à Margot, c'est un mari qui sache la stabiliser, quelqu'un d'assis.

Puis, sans transition évidente, il se mit à parler de lui-même.

— *Vise haut*, voilà ma devise depuis toujours. Si vous ne décrochez pas tout ce que vous voulez, vous attrapez tout de même quelque chose. Visez bas, et vous avez peau de balle. C'est comme quand on lance des pierres sur un chat : vous visez droit et ça tombe court. Visez au-dessus, et avec un peu de veine vous mettez dans le mille. Tous les gosses savent ça. Je vais vous raconter ma vie.

« Comment se fait-il, se demanda Paul, que tous les gens que je rencontre veulent me raconter leur vie ? Je dois avoir la tête confidentielle. »

Sir Humphrey conta donc tout d'abord ses débuts : famille de neuf enfants dans deux pièces, père ivrogne, mère avec le haut mal, une sœur sur le trottoir, un frère en prison, un autre sourd-muet de naissance. Il parla de bourses, d'écoles du soir, d'encouragements et de rebuffades, d'études universitaires aussi misérables que brillantes.

— J'étais correcteur chez Holywell. Plus tard, j'ai appris la sténo et je prenais les sermons du dimanche pour la presse locale.

À mesure qu'il trouvait son inspiration, les ifs taillés commençaient à grisonner de la suie des taudis et le lointain gramophone à débiter les accents faubouriens d'un orgue de Barbarie.

— À Scone, j'ai fait partie d'une fameuse promotion !

Et il nomma une demi-douzaine de grands personnages par leurs prénoms.

— Mais aucun d'eux n'a dû faire autant de chemin que moi pour arriver.

Paul écoutait patiemment, selon son habitude. Les paroles de Sir Humphrey coulaient de source, car en réalité il ne faisait que répéter le contenu d'une série d'articles qu'il avait dictés la veille pour l'un des grands journaux du dimanche. Il parla encore de ses premières causes, de son élection au Parlement, de l'historique campagne libérale de 1906, des négociations qui devaient aboutir à la Coalition.

— Je n'ai rien à me reprocher, conclut-il enfin. Je suis allé plus loin que la plupart des gens. Si je continue, j'ai des chances de devenir le leader du Parti. Mais cet hiver j'ai senti dans la moelle de mes os que je n'irais pas plus loin. Ce qu'il me faudrait maintenant, c'est passer à la Chambre des Lords, arrêter de travailler et peut-être monter une petite écurie de courses (son visage prenait l'expression nostalgique d'une comédienne évoquant la chaumière de ses rêves), un yacht et une petite villa à Monte. Les autres peuvent faire tout cela dans leur foulée, et ils le savent : c'est ce qui fait leur force. C'est à mon âge qu'on commence à comprendre l'inconvénient d'être né pauvre.

Le dimanche soir, Sir Humphrey proposa une « partie de cartes ». L'idée fut accueillie sans grand enthousiasme.

— Ce ne serait pas convenable, un dimanche ! dit Miles avec un haut-le-corps. J'aime beaucoup les cartes, notez bien, surtout les Rois, vieux polissons ! Mais quand je me mets à jouer pour de l'argent, je me fiche en colère et je pleure. Demandez à Pamela ; elle est si brave et si costaude !

— Faisons plutôt une poule de billard, dit David.

— C'est ça, jouons au puceau et à la pucelle ! fit le chœur des invités.

— Vous me prenez pour une grande folle ! gémit Miles.

Il se laissa pourtant persuader, à force. On joua, et ce fut Sir Humphrey qui gagna. Parakeet perdit trente livres qu'il tira séance tenante de son portefeuille en billets de dix livres.

— Quel tricheur, ce Maltravers ! dit Olivia en allant se coucher.

— C'est vrai ? dit Miles. Alors je ne le paierai pas, na !

— Moi, je n'en ai jamais eu l'intention ! Je suis complètement fauchée.

Peter joua quitte ou double avec Sir Humphrey et gagna.

— Après tout, c'est moi l'hôte, dit-il.

— Quand j'avais votre âge, dit Sir Humphrey à Miles, je passais des nuits entières à jouer au poker. Et gros !

— Fi donc ! dit Miles. Hou, la méchante !

De bonne heure le lundi matin, la Daimler du ministre démarra silencieusement et disparut sous les marronniers.

— Je crois bien qu'il s'attendait à voir maman, dit Peter. Je lui ai dit ce qu'elle avait.

— Tu n'aurais pas dû, dit Paul.

— Tu crois ? En tout cas, il n'était pas content ! Il m'a dit que le monde était pourri et que même à Whitechapel les enfants ne parlaient pas de cette chose. Qu'est-ce qu'il s'est empiffré pendant deux jours ! Et moi qui ai tout fait pour le mettre à l'aise, en lui parlant de locomotives, par exemple !

— Je pense que c'est un vieil homme très raisonnable, dit le professeur Silenus. C'est le seul qui n'ait pas cru devoir dire quelque chose de poli sur la maison. Du reste, il m'a parlé d'un nouveau béton que le gouvernement est en train d'essayer dans les maisons de retraite.

Pierre et Paul retournèrent à leur salle de classe circulaire pour une leçon d'orthographe.

Au moment où le dernier invité disparaissait au tournant de la grande avenue, Margot Beste-Chetwynde descendit de sa courte retraite au Véronal, exquise et fraîche comme un madrigal du XVIIe siècle. Le gazon de verre vert parut fleurir sous ses pieds entre l'ascenseur et le bar.

— Mes pauvres anges, dit-elle, vous avez dû souffrir mort et passion avec ce Maltravers ! Et tous ces gens, ils sont bien partis ? Je ne savais plus du tout qui s'était invité ! Vous savez, Paul, je n'invite plus depuis longtemps, mais c'est toujours la même chose !

Elle sonda les profondeurs opalescentes de son *absinthe frappée.*

— Je sens de plus en plus le besoin d'un mari. Mais Peter est si difficile !

— C'est que tous tes hommes sont affreux, dit l'accusé.

— J'ai souvent pensé à épouser le vieux Maltravers, rien que pour échapper à toute cette engeance. Mais *Margot Maltravers*, c'est un peu fort de café, vous ne trouvez pas ? Et s'ils lui donnent une pairie, il est sûr de choisir un titre encore plus calamiteux que son nom.

Jamais de sa vie Paul n'avait encore éprouvé rien qui approchât la douceur d'une Margot Beste-Chetwynde entêtée à parachever la séduction d'un jeune homme déjà sous le charme. Tout au long des jours qui suivirent, elle lui fit boire l'exquise liqueur jusqu'à la lie. Partout où il allait dans la maison, dans l'ascenseur étincelant, dans les pièces imbriquées en alvéoles irréguliers, dans le labyrinthe des couloirs, il avançait comme un aveugle marchant dans le ciel. Chaque matin comme il s'habillait, un oiseau chantait dans son cœur, et quand il se couchait, il disposait son oreiller de façon à pouvoir garder longtemps sous ses narines sa main d'où s'envolait un reste du parfum unique de Margot Beste-Chetwynde.

— Paul, cher, dit-elle un jour, sa main dans la sienne, alors que, après une rencontre mouvementée avec un cygne, ils avaient trouvé refuge dans le chalet du lac, je ne supporterai pas que vous retourniez à cette affreuse école. Faites-moi plaisir : envoyez votre démission au Dr. Fagan.

Le chalet, bâti au XVIIIe siècle, s'élevait tout près de la rive du lac. Ils restèrent là sur les marches croulantes, la main dans la main, pendant au moins une minute.

— Je ne vois pas ce que je pourrais faire d'autre, dit Paul.

— Je le sais, moi, darling.

— Comme quoi, Margot ?

N'osant la regarder, il suivait des yeux le cygne qui glissait délicatement sur les eaux tranquilles.

— Eh bien, par exemple, rester et me protéger contre les méchants cygnes ?

Margot fit une pause, reprit sa main à Paul et sortit un porte-cigarettes. Paul lui tendit une allumette.

— Comme votre main tremble, cher ! Vous buvez trop des cocktails de Peter ! Cet enfant a encore beaucoup à apprendre sur le bon usage de la vodka. Mais soyons sérieux : je suis sûre que je peux vous trouver un meilleur job que gardeur de cygnes. Je dirige toujours une bonne partie des affaires de mon père, savez-vous ? ou peut-être ne le saviez-vous pas ? Elles sont surtout en Amérique du Sud, dans les hôtels, les théâtres, les boîtes de nuit, partout où l'on s'amuse. Je suis sûre que vous pourriez donner un coup de main, si cela vous chante.

Paul se mit à réfléchir.

— Ne serait-il pas indispensable que je sache l'espagnol ou le portugais ? dit-il enfin.

Ce n'était pas si bête, mais Margot jeta vite sa cigarette, avec un petit rire, et dit :

— Tu es difficile ce soir, mon petit ! Allons vite nous changer pour le dîner.

Paul revécut toute cette conversation dans sa baignoire, une conque de malachite creusée à même le sol de verre, puis tout en s'habillant. Comme il nouait son nœud papillon, il tremblait de la tête aux pieds comme un de ces petits bonshommes de carton tirés par des fils invisibles sur les boulevards.

Au dîner, Margot parla de choses banales et quotidiennes, d'un bijou qu'elle faisait remonter et qui avait été mal fait, de l'installation électrique de sa maison de Londres qu'il fallait refaire entièrement à cause du danger d'incendie, de son factotum à la villa de Cannes qui avait fait sauter la banque au Casino et démissionné sur-le-champ, ce qui allait sans doute l'obliger à aller faire un saut jusque-là ; de la Société pour la Préservation des Monuments Anciens qui lui demandait un engagement écrit de ne pas démolir son château en Irlande ; de la carence de son chef ce soir-là ; de Bobby Pastmaster qui voulait lui emprunter de l'argent sous prétexte qu'elle l'avait trompé sur ses intentions en rachetant la maison : s'il avait su, il lui aurait demandé davantage. « Vous trouvez cela logique, vous ? Moins j'estimais sa maison et moins je devais la payer, non ? Mais je vais lui envoyer quelque chose tout de même, sinon il est capable de se marier et de priver Peter du titre quand il sera grand. »

Plus tard, quand ils furent seuls, elle dit :

— Tu n'imagines pas les bêtises qu'on dit sur les gens riches ! Évidemment, ce n'est pas toujours drôle d'être riche, on n'arrête pas, on n'a pas une minute à soi ; mais je ne voudrais pas être pauvre, ni même médiocrement à l'aise, pour tout l'or du monde ! Serais-tu heureux, mon petit, si tu étais riche ?

— Cela dépendrait de la manière dont je le serais devenu, dit le jeune homme.

— Je ne vois pas ce que cela a à voir.

— Non, ce n'est pas tout à fait ce que j'ai voulu dire. Je voulais dire qu'il n'y a qu'une chose au monde qui pourrait me rendre vraiment heureux, et si j'avais cette chose je serais riche aussi, mais cela n'aurait aucune importance puisque, tout riche que je serais, si je n'avais pas ce qui me rendrait heureux je ne serais pas heureux, vous comprenez ?

— Mon petit chou, c'est un peu obscur ce que tu dis là, mais j'ai l'impression que cela veut dire quelque chose de très gentil.

Il leva son regard vers le sien qui le soutint sans ciller :

— Et s'il en est ainsi, je suis très heureuse, ajouta-t-elle.

— Margot, chérie, bien-aimée, adorée, je vous en supplie, voulez-vous être ma femme ?

Il s'était jeté à ses genoux et tenait les petites mains enfermées dans les siennes.

— Idiot, je ne te parle que de cela depuis ce matin !

Le ton demeurait ferme, mais n'y avait-il pas le soupçon d'un tremblement dans la voix ?

— Voulez-vous dire que vous pourriez peut-être, qu'il y aurait une chance… ?

— Pourquoi pas ? Bien sûr, il faudra demander à Peter, et puis il y aura d'autres choses à discuter.

Puis, tout à coup, elle dit dans un souffle :

— Paul chéri, chéri adoré, viens ici.

Ensuite, ils allèrent trouver Peter dans la salle à manger. Il était en train de sucer une pêche.

— Salut vous deux ! dit-il.

— Peter, nous avons quelque chose à te dire. Paul dit qu'il veut m'épouser.

— Chic ! dit Peter. C'est ça que vous étiez en train de faire dans la bibliothèque ?

— Tu veux bien, Peter ? dit Paul.

— J'y travaillais depuis une semaine. Même que c'est pour ça que je t'ai amené ici. Je veux.

Et Peter mordit à belles dents dans une autre pêche.

— Tu es le premier qu'il ait reconnu bon pour le…

— Marions-nous tout de suite, Margot !

— Mon cher, je n'ai pas encore dit oui. Je te répondrai demain matin.

— Réponds-moi maintenant, Margot ! Tu m'aimes bien un peu, dis ? Épouse-moi très, très bientôt !

— Je te le dirai demain matin. Retournons a la bibliothèque, veux-tu ?

Ce soir-là, Paul ne dormait pas comme d'habitude. Longtemps après avoir replacé son signet et fermé les lumières, il avait encore les yeux ouverts et ses pensées battaient la chamade. Comme pendant sa première nuit à King's Thursday, il sentait tourner autour de lui le génie inquiet et secret du lieu. Lui et Margot et Peter et Sir Humphrey Maltravers n'étaient-ils donc que d'insignifiants passants dans la vie du nouveau monstre à la naissance duquel avaient présidé des cultures primordiales et oubliées ? Pendant une demi-heure il demeura les yeux ouverts dans l'obscurité, et puis ses pensées commencèrent à léviter au-dessus de lui et il prit vaguement conscience qu'il s'endormait. Soudain, il entendit la porte de sa chambre s'ouvrir doucement. Il ne voyait rien mais perçut un bruissement de soie. La porte se referma.

— Paul, tu dors ?

— Margot !

— Chut, cher ! N'allume pas. Où es-tu ?

La soie froufrouta en se répandant sur le tapis.

— Il vaut mieux être sûrs, tu ne penses pas, darling ? Tu te fais peut-être des idées, et moi, tu me plais tellement qu'il serait dommage de nous tromper, tu ne crois pas ?

Heureusement, ils ne s'étaient trompés ni l'un ni l'autre, et le lendemain ils annoncèrent leurs fiançailles.

4. Résurrection

En traversant le hall quelques jours plus tard, Paul rencontra un petit homme avec une longue barbe rousse qui clopinait derrière un laquais vers le bureau de Margot.

— Seigneur ! dit-il.

— Pas un mot ! dit le barbu en passant son chemin.

Quelques minutes plus tard, Paul fut rejoint par Peter.

— Dis donc, Paul, qui crois-tu qui parle à maman en ce moment ?

— Je sais, dit Paul. Bizarre, bizarre !

— Je m'en doutais qu'il n'était pas mort. Je l'avais dit à Clutterbuck pour lui remonter le moral.

— Et ça a marché ?

— Pas tellement. Je pensais que s'il s'était réellement jeté à la mer, il aurait laissé sa jambe de bois avec ses nippes. Mais Clutterbuck a dit qu'il y tenait à sa jambe. Je me demande ce qu'il peut bien vouloir à maman.

Un peu plus tard, ils lui tendirent une embuscade dans l'avenue.

— Encore dans le merdier ? dit Paul.

— Pas exactement, mais le trouillomètre est à zéro. Police à mes trousses. Le suicide a foiré, comme je le craignais. Ils se posaient déjà toutes sortes de questions quand ma première femme s'est pointée. D'où la végétation faciale. Vous êtes pas bêtes de m'avoir reconnu.

Ils le ramenèrent à la maison et Peter lui confectionna un cocktail monstre, à base d'absinthe et de vodka.

— Toujours la même histoire, entama Grimes. Grimes a repris son errance. Incidemment, vieux, j'ai à te féliciter, si je ne me trompe ? De la belle ouvrage, ajouta-t-il en promenant un regard admiratif sur le sol de verre, les sièges pneumatiques, le plafond de porcelaine et les tentures de cuir.

— Chacun son sale goût, mais pour le confort, y a pire. C'est drôle, mais je ne m'attendais pas à te trouver ici.

— Ce qui nous intéresse, dit Peter, c'est de savoir pourquoi tu es venu voir maman.

— Mon étoile, dit Grimes. Quand j'ai quitté Llanabba, je me trouvais assez désœuvré. J'avais bien emprunté cinq livres à Philbrick, juste avant qu'il parte aussi, et avec ça je suis arrivé jusqu'à Londres ; mais après, pendant une semaine, ceinture ! Un soir que j'étais dans un pub de Shaftesbury Avenue – la barbe me démangeait et il ne me restait que cinq shillings en poche – j'ai remarqué un type qui s'écarquillait à me regarder de l'autre bout de la salle. Il est venu s'asseoir à côté de moi avec son verre et il m'a dit : « Le capitaine Grimes, je présume ! » Là j'ai eu la frousse : « Non, non, non, vous n'y êtes pas ! Ce pauvre vieux Grimes est mort, noyé, bu la tasse, mange les algues par la racine ! » Et je fais mouvement vers la porte. J'avoue que c'était pas bien malin, vu que si j'étais pas Grimes, il y avait cent contre un à parier que je savais pas qu'il existait et mille contre un qu'il avait péri noyé. Mais l'autre me rattrape par la manche et me fait rasseoir. « Dommage, dit-il, parce que j'avais entendu dire que Grimes était dans le merdier et j'avais un job qui aurait pu l'intéresser. Prenez quand même un verre avec moi. » C'est alors que je l'ai reconnu. C'était un de mes anciens camarades de régiment, du temps que j'étais en Irlande. « Bill, lui dis-je, je croyais que tu étais devenu flic. — T'excuse pas », me répondil gentiment. Bref, il m'a raconté qu'après la guerre il était parti en Argentine où il s'était fait bombarder directeur d'un… » Grimes s'interrompit brusquement, papillota des paupières et reprit : « … d'une sorte d'endroit où l'on s'amuse, d'une boîte de nuit, quoi. En fait, il s'était pas mal démerdé, le gars, et j'ai compris qu'il dirigeait toute une chaîne de ces endroits le long de la côte, la maison mère étant en Angleterre. Il était revenu en vacances, et il cherchait deux ou trois types à ramener avec lui en Amérique du Sud. Il disait que les types du cru n'étaient pas assez détachés pour faire l'affaire, parce que dans ce boulot-là il faut savoir garder ses distances avec les femmes. C'était pour ça qu'il avait pensé à moi. Ce que peut faire le hasard quand il est objectif, hein ? Seulement, il fallait que je sois vu et passé bon pour le service par Mrs. Beste-Chetwynde qui a encore des intérêts dans cette boîte fondée par son grand-père. Je ne me doutais pas que c'était la même qui était venue aux sports le jour où Prendy avait un coup dans le nez. Le monde est petit !

— Maman vous a engagé ? demanda Peter.

— Rubis sur l'ongle, ou plutôt avec quinze livres d'avance sur mon salaire, et en plus elle m'a parlé d'or. Total, bonne journée pour Grimes. Vous avez des nouvelles de la Brute de Llanabba ?

— Tiens, j'ai reçu cette lettre de lui ce matin, dit Paul.

Grimes lut :

Llanabba Castle,
Galles du Nord.

Mon cher Pennyfeather,

Je vous remercie de votre lettre et du chèque. Inutile de vous dire que j'ai été fort déçu en apprenant que vous ne seriez plus des nôtres le trimestre prochain. J'attendais merveille de notre association que j'espérais longue et non sans bénéfice pour vous aussi. Néan-

moins, mes filles se joignent à moi pour vous souhaiter tous les bonheurs possible dans le mariage. J'espère que vous pèserez de tout votre poids pour que Peter ne nous quitte pas. C'est un garçon en qui je place de grands espoirs, et je serais fort déçu s'il ne devenait pas un de nos prefects.

Jusqu'ici les vacances ne m'ont guère permis de me reposer. Mes filles et moi n'avons cessé d'être harcelés par une jeune Irlandaise d'aspect aussi déplaisant que ses manières, et qui prétend être la veuve de ce pauvre capitaine Grimes. Elle possède d'ailleurs des papiers qui semblent confirmer ses prétentions. De son côté, la police est constamment ici à nous questionner sur le vestiaire de mon infortuné gendre.

Pour comble, je reçois la démission de Mr. Prendergast ! Il a, semble-t-il, mis la main sur une série d'articles d'un évêque dans le vent qui lui ont fait découvrir l'existence d'une espèce d'individus qu'on appelle les néo-chrétiens et qui peuvent toucher les revenus d'un bénéfice ecclésiastique sans être tenus de professer aucune croyance religieuse. Il semble tirer un grand réconfort spirituel de la perspective de se joindre à eux, mais il me laisse dans le pétrin.

En effet, j'en suis arrivé au point où je ne sais plus si j'aurai longtemps encore le cœur de continuer à diriger Llanabba. *J'ai reçu une offre d'une compagnie cinématographique dont le directeur, chose curieuse, s'appelle Sir Solomon Philbrick, et qui veut racheter le château. Ils disent que son architecture à la fois médiévale et géorgienne constitue un énorme avantage. Ma fille Diane voudrait lancer une clinique ou un hôtel. Comme vous le voyez, les choses ne s'arrangent pas.*

Sincèrement vôtre,
Augustus Fagan.

Une nouvelle surprise attendait encore Paul ce jour-là. À peine Grimes avait-il pris congé que se présentait un grand jeune homme avec un chapeau noir qui demandait à voir Mr. Pennyfeather. C'était Arthur Potts.

— Mon cher ami, dit Paul, comme je suis heureux de te voir !

— J'ai vu tes fiançailles dans le *Times*, dit Potts, et comme je passais, je me suis demandé si tu me permettrais de visiter la maison.

Paul et Peter lui firent les honneurs. Il s'extasia sur le plafond lumineux du bureau de Mrs. Beste-Chetwynde, les champignons en caoutchouc de la serre souterraine, le petit salon au plancher en kaléidoscope actionné par un bouton. Ils le firent monter en ascenseur jusqu'au sommet de la tour pyramidale d'où la vue plongeait sur les toitures et les dômes de verre et d'aluminium étincelants comme les diamants de Coco Chanel sous le soleil de l'après-midi. Néanmoins, il se trouva que ce n'était pas là la raison principale de sa visite. Dès qu'il se retrouva seul avec Paul, il lui dit, presque négligemment :

— Qui donc est ce petit homme que j'ai croisé en arrivant ?

— Je crois bien qu'il avait quelque chose à voir avec la Société pour la Préservation des Monuments Anciens, dit Paul. Pourquoi ?

— Tu en es sûr ? dit Potts, l'air déçu. Encore une fausse piste !

— Tu es devenu détective privé, mon vieux ? dit Paul sur un ton légèrement narquois.

— Tu n'y es pas, il s'agit de la SDN, dit vaguement Potts en admirant la pieuvre dans son aquarium. Ils étaient dans le Salon du Prince de Monaco.

Margot invita Potts à dîner. Le nouveau fonctionnaire international se mit en quatre pour plaire au professeur Silenus, mais ce fut en vain. On pensa même le lendemain que c'était Potts qui avait finalement décidé le professeur à passer à l'acte. En effet, il était parti de très bonne heure sans emmener ses affaires. Deux jours plus tard, comme ils étaient tous sortis, il revint en voiture et enleva ses instruments scientifiques. Quelque temps plus tard, il revint encore une fois et repartit avec deux mouchoirs propres, ayant changé de sous-vêtements. Ce fut sa dernière apparition à King's Thursday. Quand Margot et Paul partirent pour Londres, ils firent préparer ses bagages, au cas où il reviendrait les chercher. Ils restèrent là, intacts, aucun domestique n'y ayant trouvé le moindre objet désirable, à l'exception d'une cravate en « batik » qui fut arborée à l'église, bien longtemps après, par le fils du jardinier en chef et qui constituait alors l'ultime relique d'un rêve génial, car à cette époque King's Thursday avait été reconstruit une seconde fois.

5. La Compagnie sud-américaine des Spectacles

À la fin d'avril, Peter retourna à Llanabba, dont la vente était tombée à l'eau, et les fiancés partirent pour Londres où devait avoir lieu le mariage. Chose inattendue, Margot avait décidé qu'il serait célébré à l'église, avec tous les accompagnements barbares de ce genre de rite, demoiselles d'honneur, Mendelssohn et Mumm. Mais en attendant, elle avait beaucoup d'affaires sud-américaines à régler.

– Ma première lune de miel a été tellement assommante, expliqua-t-elle à Paul, que je ne veux pas prendre de risques avec celle-ci. Quand tout sera réglé, tu connaîtras les trois plus beaux mois de ta vie, chéri.

Le travail de Margot semblait consister surtout à auditionner des jeunes femmes pour des numéros de cabaret ou des fonctions d'entraîneuse. Un matin qu'elle avait une nouvelle fournée de demoiselles, elle permit à Paul d'être présent, quoique d'assez mauvais gré. La pièce où elle opérait était la salle de gymnastique, décorée en son absence par le petit David

Lennox, le photographe mondain. Deux buffles empaillés encadraient la porte d'entrée. Le tapis imitait le gazon, avec des lignes blanches, et les murs étaient tapissés de filets. Les lumières étaient des ballons de football en verre, et les sièges ingénieusement composés de battes de cricket, de maillets de polo et de cannes de golf. Des groupes d'athlètes moustachus de la Belle Époque et un tableau représentant un bélier primé complétaient la décoration des murs.

— C'est d'une banalité désespérante, dit Margot, mais cela impressionne les filles. Il faut cela, car elles sont volontiers maniérées si on les laisse faire.

Paul s'assit à l'écart dans un fauteuil en caoutchouc gonflé figurant un nageur de fond. Il était ravi du mordant que montrait Margot en affaires. Tout ce qu'il y avait de vague et d'éthéré dans sa personnalité était rangé ce jour-là au magasin des accessoires. Assise ferme et droite derrière une table couverte d'un plaid écossais, son porte-plume suspendu au-dessus d'un encrier façon coq de bruyère empaillé, elle était l'Émancipation féminine faite femme. L'une après l'autre, les girls furent introduites.

— Nom ?

— Pompilia de La Conradine.

— Vrai nom ?

— Bessie Brown.

— Âge ?

— Vingt-deux ans.

— Vrai âge ?

— Vingt-deux ans.

— Expérience ?

— J'ai été deux ans chez Mme Rosenbaum, Jermyn Street, M'dame.

— Eh bien, Bessie, je vais voir ce que je peux faire pour toi. Pourquoi as-tu quitté Mme Rosenbaum ?

— Elle dit que ces messieurs aiment le changement.

— On va voir.

Margot prit le combiné emmitouflé dans un gant de boxe. « Madame Rosenbaum ? De la part de la Compagnie sud-américaine des Spectacles. Avez-vous quelque chose à me dire sur Mlle de La Conradine ?... Ah ! C'est pour cela qu'elle est partie ? Merci, je m'en doutais. » Elle raccrocha :

— Désolée, Bessie, rien pour toi en ce moment.

Elle pressa un bouton qui était l'œil d'une truite saumonée et une autre candidate parut.

— Nom ?

— Jane Grimes.

— Qui t'a envoyée ?

— Le gentleman de Cardiff. Il m'a dit de vous remettre ça.

Une enveloppe fripée fut remise à Margot qui lut.

— Oui, je vois : tu es novice, Jane ?

— Comme un enfant de chœur, M'dame.

— Mais tu as été mariée, je vois ?

— C'était pendant la guerre. Il était soûl.

— Où est-il ?

— Il paraît qu'il s'est suicidé.

— Très bien, Jane, je crois que tu as l'étoffe. Quand peux-tu partir ?

— Quand me voulez-vous ?

— Il y aura une vacance à Rio à la fin de la semaine. J'ai déjà deux filles très sympathiques pour cet établissement. Veux-tu partir avec elles ?

— Je veux bien, M'dame. Merci, M'dame.

— Tu veux une avance ?

— Pour mon pauvre père, si vous n'êtes pas gênée.

Margot sortit des billets d'un tiroir, les compta, remplit un reçu.

— Signe là, veux-tu ? J'ai ton adresse. Je t'enverrai ton billet dans un jour ou deux. Tu as des nippes ?

— J'ai une belle robe de soie, mais elle est à Cardiff avec le restant de mes affaires. Le monsieur a dit que vous me fourniriez.

— Il a dit vrai. Je prends note. Mon agent choisira et tu paieras par mensualités sur ton salaire.

Mrs. Grimes sortit et une autre demoiselle prit sa place. Quand vint l'heure du déjeuner, Margot était fatiguée. « Dieu merci, c'était la dernière ! » soupira-t-elle.

— Tu t'es barbé, mon ange ?

— Tu as été merveilleuse, Margot. Tu aurais dû naître impératrice de Rome !

— Et toi, aimé, esclave chrétien ? dit-elle en souriant.

— Je n'y avais jamais pensé ! dit Paul en riant.

— Il y a un jeune homme sur le trottoir d'en face qui ressemble à ton ami Potts, dit Margot qui s'était approchée de la fenêtre. Et, mon cher, sais-tu qu'il est en train de draguer la dernière de ces pauvres filles, celle qui voulait emmener ses enfants et son frère avec elle ?

— Alors, tu peux être sûre que ce n'est pas Potts ! dit Paul d'un ton un peu faraud. Mais, dis-moi, chérie, il y a une chose que je ne comprends pas très bien : comment se fait-il que moins ces danseuses avaient d'expérience et plus tu avais l'air de vouloir les embaucher ? Tu as offert les plus gros salaires à celles qui n'avaient jamais travaillé.

— Tu crois, darling ? Eh bien, ce sera sans doute que je me sentais tout bêtement heureuse !

Sur le coup, l'explication parut très satisfaisante à Paul ; mais plus tard il devait se souvenir que sa future femme avait mené toute l'affaire à la trique plutôt que la fleur bleue aux lèvres.

— On va déjeuner dehors ? dit Margot. J'en ai marre de cette maison.

Ils traversèrent Berkeley Square bras dessus bras dessous au soleil. Un laquais en livrée se pavanait sur les marches d'un péristyle. Une tapissière aux armes royales les dépassa dans Hay Hill, avec deux garçons en haut-de-forme à cocarde, assis raides sur la caisse. Une très grande dame, appuyée sur ses coussins dans un très vieux coupé, fit à Margot une inclinaison de tête d'une précision oubliée depuis le temps du prince Albert. Tout Mayfair semblait battre pour eux avec le cœur de Mr. Michael Arlen.

À la *Maison basque*, Philbrick était à la table voisine, dégustant de ces petites fraises amères des bois qui sont aussi chères à Londres qu'elles le sont peu en Provence.

— Passez donc me voir un de ces jours, dit-il à Paul. Je suis descendu chez Batts's.

— On m'a dit que vous rachetiez Llanabba, dit Paul.

— J'y ai bien pensé, mais c'est vraiment trop loin de Londres.

— Vous savez que la police est passée après votre départ ?

— Je le savais, mais merci quand même. Ils me retrouveront bien un jour, allez. À charge de revanche, vous pourriez peut-être affranchir votre fiancée de faire gaffe. Ce comité de la SDN a enfin l'air de bouger, depuis le temps qu'il existe.

— Je ne vois pas ce que vous voulez dire, dit Paul en pivotant sur ses talons pour rejoindre Margot.

— Ce pauvre garçon est maboul, dit Margot quand Paul lui eut raconté.

6. Premier accroc

Pendant ce temps, la moitié des boutiques de Londres étaient occupées à la préparation de la noce. Paul demanda à Potts d'être son témoin, mais de Genève son ami se récusa. En d'autres circonstances, Paul s'en fût offensé, mais il recevait tant de lettres et d'invitations qu'il n'avait plus qu'un souci, celui de ne pas offenser ses nouveaux amis. Son choix finit par tomber sur Alastair Digby-Vane-Trumpington, pour la bonne raison qu'il lui devait indirectement sa bonne fortune. Alastair accepta avec empressement, et profita de l'occasion pour lui emprunter de quoi s'acheter un nouveau haut-de-forme, le sien s'étant perdu au cours d'une nuit récente.

Une lettre datée d'Onslow Square, qui resta sans réponse, lui laissait clairement entendre que la fille de son tuteur s'estimerait intimement et publiquement offensée si elle n'était pas invitée à être demoiselle d'honneur.

Pour une raison ou pour une autre, ce mariage semblait susciter des sentiments particulièrement romanesques dans l'âme du public. Peut-être admirait-on le courage de Margot de s'exposer une nouvelle fois après dix ans de veuvage aux mille et une horreurs d'un mariage fashionable. À moins que ce ne fût l'élévation soudaine d'un petit professeur qui faisait vibrer la corde de l'optimisme dans des milliers de cœurs avides qui se disaient en enfilant leurs manches de lustrine pour compulser leurs registres poussiéreux : « Après ce sera mon tour ! » Quoi qu'il en soit, les petites gens marchaient à fond. Survoltée par la presse à sensation, toute une foule s'était assemblée sur le parvis de l'église Sainte-Margaret de Knigtsbridge dès la veille de la cérémonie, équipée, comme pour une grande première, de lits de camp, de bouteilles Thermos, de sandwichs et de réchauds à alcool. À 14 heures 30, malgré les averses, l'affluence était si considérable que la police fut obligée de charger au bâton pour dégager les invités menacés d'écrasement. La rue que Margot devait emprunter était pleine de femmes en larmes ou en extase, comme pour des funérailles nationales.

La bonne société était plus partagée, et lady Salvage, entre autres, regrettait l'époque où Édouard, prince de Galles et arbitre des élégances tant vestimentaires que morales, aurait eu tôt fait de remettre à leur place ces secondes noces par trop voyantes.

— Je suis folle de rage que Coney soit mort si mal à propos, disait-elle. Les gens vont croire que c'est à cause de lui que je n'y vais pas. Mais je suis bien tranquille : il n'y aura *personne*.

— Il paraît que votre neveu Alastair est le témoin, dit lady Vanburgh.

— Vous paraissez aussi bien informée que mon pédicure, dit lady Salvage avec une félicité peu commune, en claquant la porte.

Dans les écuries non encore rénovées de Mayfair, sous les toits de Shepherd's Market ou de North Audley Street où les garçons à la mode passent leurs mélancoliques soirées, on se lamentait en chœur sur la proie qu'on venait de laisser filer entre ses doigts élégamment gantés, tandis que plus d'un jeune habitué des thés dansants vérifiait anxieusement son compte en banque pour s'assurer que sa mensualité avait bien été versée. Mais Margot demeura fidèle à ses obligations et tous ces jeunes gens qui se vantaient de ne sortir que pour un bon dîner acceptèrent avec empressement l'invitation à l'église. Le petit David Lennox, qui n'avait pas photographié gratis depuis trois ans, fit deux clichés absolument adorables de sa nuque et un autre du reflet de ses mains dans un ballon rempli d'encre.

Dix jours avant la cérémonie, Paul prit ses quartiers au Ritz, pour laisser Margot consacrer tout son temps à ses achats. Dix fois par jour, des garçons livreurs se présentaient à son hôtel avec quelque sous-produit de cette quête, un porte-cigarettes en platine, une robe de chambre, une épingle de cravate, des boutons de manchettes et une foule d'autres choses, si bien que Paul lui-même se laissa aller jusqu'à acheter deux cravates, trois paires de chaussures, un parapluie et les *Œuvres Complètes* de Proust. Margot avait fixé sa pension à deux mille livres par an.

Au fin fond de l'Adriatique, on apprêtait fébrilement la villa de Corfou pour les premières semaines de la lune de miel, et le grand lit à ananas sculptés qui avait appartenu à Napoléon III recevait des draps parfumés et des oreillers d'un moelleux incomparable. Toute une manne de ce genre pleuvait des journaux les plus sérieux et les jeunes reporters recevaient les félicitations de leurs rédacteurs en chef pour la somptuosité de leurs épithètes.

Mais il y eut un accroc.

Trois jours avant la date fixée pour le mariage, Paul était dans son salon à dépouiller son courrier quand il reçut un coup de téléphone de Margot.

— Darling, il arrive une petite chose un peu ennuyeuse. Tu sais ces filles que nous avons envoyées l'autre jour à Rio ? Eh bien, pour une raison ou pour une autre, elles sont restées à Marseille. J'imagine que c'est à cause de leurs passeports, une bêtise. Mais l'ennui, c'est que mon agent à Marseille me télégraphie qu'il ne peut plus me représenter. En temps normal, j'irais faire un saut là-bas et graisser la patte au malheureux gratte-papier qui veut faire l'important. Mais tu sais bien, chéri, que je n'ai pas une minute à perdre si nous voulons partir à temps ? Sois donc un amour et vas-y à ma place. En prenant l'avion, tu auras largement le temps de tout régler et revenir me mettre l'anneau au doigt devant tous ces imbéciles.

Paul n'eut pas à voyager seul. Potts était à Croydon, emmitouflé dans un ulster, un petit attaché-case à la main.

— Je voyage pour la S D N, dit-il, et il ne cessa de vomir jusqu'à l'atterrissage au Bourget, où Paul fut obligé d'affréter un avion spécial. Potts l'accompagna jusqu'à la piste d'envol.

— Pourquoi vas-tu à Marseille ? demanda-t-il à Paul. Je croyais que tu te mariais.

— Une petite affaire d'une heure ou deux, répondit Paul.

Cela ressemblait bien à Potts de craindre qu'un petit voyage comme celui-là n'aille gêner son mariage ! Paul commençait à se sentir très fashionable : aujourd'hui le Ritz, demain Marseille, ensuite Corfou, et après, le monde entier qui lui tendait les bras comme un immense hôtel plein de courbettes et d'orchidées. Que ce pauvre Potts était donc insulaire, avec ses grands mots et sa Société des Nations !

Il arriva à Marseille tard dans la soirée, dîna au balcon de chez Basso d'une bouillabaisse arrosée de Meursault. De sa table, il voyait scintiller les mille lumières du port dans l'eau tranquille. Ce fut un homme du monde qui régla l'addition, calcula savamment le pourboire et prit place dans un taxi découvert pour se rendre dans la vieille ville.

— Tu les trouveras sûrement chez Alice, rue de Reynarde, avait dit Margot. Tu n'auras qu'à dire que tu viens de ma part.

Le taxi s'arrêta au coin de la rue de Ventomargy. Au-delà, la chaussée était trop étroite et trop populeuse. Il paya le chauffeur qui lui dit en gouaillant de bien faire attention à son chapeau. Paul haussa les épaules et s'engagea dans la ruelle mal pavée. Au-dessus de sa tête, les maisons se touchaient presque, gaiement éclairées des caves aux greniers. Entre elles se balançaient des lanternes bariolées. Un ruisseau dévalait le centre de la ruelle fortement pentue. Le tableau n'aurait pas été plus sinistre s'il avait été construit à Hollywood pour une Orgie sous la Terreur. Une rue de ce genre en Angleterre, se dit Paul, aurait depuis longtemps été sauvée par Mr. Spire et mise sous tutelle publique pour le commerce des lardoirs, des cartes postales et de la pâtisserie du Devonshire. Ici, le commerce était différent, et même Paul se rendit compte de son objet. Après tout, n'avait-il pas vu certaines rues de Pompéi qu'on ne montre qu'aux hommes ? Ah ! quel bon cœur avait Margot de vouloir tirer ses protégées de ce bas-fond !

Un matelot noir, en état d'ivresse avancée, invita Paul à venir prendre un verre dans une langue inconnue des hommes. Il pressa le pas. Oui, et elle trouvait le temps de s'occuper de ces malheureuses à un moment où toute autre femme n'aurait eu que chiffons en tête !

Sourd aux invites qui l'assaillaient de toutes parts, Paul continuait à monter tête baissée. Une jeune femme fit sauter son chapeau, et il vit briller la nudité de sa jambe dans l'entrebâillement de la porte. L'instant d'après elle était à la fenêtre, lui faisant signe de venir rechercher son couvre-chef.

Toute la rue semblait se gausser de lui. Il hésita un instant, puis, pris de panique, abandonnant le trophée aux mains de la courtisane, tourna les talons et dégringola vers les avenues qui – il le savait – constituaient pour lui un véritable refuge spirituel.

Au jour, la vieille ville avait perdu presque toutes ses terreurs. Du linge pendait entre les maisons, l'eau du ruisseau était fraîche et la ruelle pleine de vieilles avec des paniers débordant de poissons. Mais *Chez Alice* ne donnait aucun signe de vie, et il dut sonner plusieurs fois pour faire apparaître un vieux concierge.

— *Avez-vous les jeunes filles de Mrs. Beste-Chetwynde ?* demanda-t-il avec une conscience aiguë de l'absurdité de sa question.

— Montez, dit le concierge. Elle a télégraphié.

Mrs. Grimes et ses deux consœurs n'étaient pas encore habillées, et elles reçurent Paul, avec enthousiasme, drapées dans des peignoirs qui auraient pleinement satisfait les appétits chromatiques de miss Fagan l'aînée. Elles exposèrent le problème des passeports, lequel, pensa tout de suite Paul, résultait d'une méprise de la part des autorités touchant la nature des fonctions qu'elles devaient exercer à Rio. Il était évident que, ne parlant pas un mot de français, elles n'avaient pas su s'expliquer.

Il dut passer une dure matinée dans les consulats et les commissariats. L'affaire s'avérait plus difficile qu'il ne l'avait prévu, et les fonctionnaires le recevaient tantôt avec une incrédulité offensante et tantôt avec des insinuations et des clins d'œil incompréhensibles. « Encore il y a six mois on aurait pu s'arranger, disaient-ils, mais maintenant, avec la S D N... » et ils haussaient les épaules : peut-être pourrait-on s'arranger tout de même, mais, dame, Mrs. Beste-Chetwynde devait y mettre des formes ! Enfin, les jeunes femmes furent embarquées comme stewardesses.

— Et je m'en fous si elles me lâchent à Rio, dit le capitaine. J'en ai d'autres ! Vous dites qu'elles sont attendues ? Bah, tout s'arrangera là-bas, vous en faites pas.

Il en coûta plusieurs milliers de francs à Paul. « La S D N, quelle blague, dit-il. Avec elle on ne peut plus voyager ! » Cette « saillie » déclencha un rire homérique dans les bureaux.

Paul avait accompagné les jeunes femmes jusqu'au bateau. On s'embrassa sur les joues. En revenant sur les quais, Paul rencontra Potts.

— Je viens d'arriver, dit le jeune fonctionnaire international.

Paul avait une forte envie de lui dire ce qu'il pensait de la SDN, mais se rappelant la subtilité théologienne de Potts et la nécessité de rentrer dare-dare à Londres, il décida de remettre l'explication à plus tard. Il n'eut que le temps de télégraphier à Margot *Mission accomplie. Rentre cet après-midi. Je t'aime.* Dans l'avion de Paris, il eut vraiment l'impression d'avoir accompli quelque chose.

Paul arriva au Ritz à dix heures du matin, le jour même de son mariage. Il tombait une pluie fine et il se sentait fatigué, hirsute, navré. Il renvoya les reporters qui l'attendaient dans son salon. Peter Beste-Chetwynde était là, incroyablement chic dans sa première jaquette.

— Fagan m'a accordé une permission de vingt-quatre heures, dit-il. Sans me vanter, je me trouve pas mal ! Tiens, je t'ai apporté une boutonnière, au cas où tu n'y aurais pas pensé. Tu as l'air fatigué, Paul.

— Tu l'as dit ! Sois un amour et fais-moi couler un bain.

Quand il revint dans sa chambre, rasé de frais, il se sentait mieux. Peter avait commandé une bouteille de champagne et arpentait la chambre, sa coupe à la main, légèrement gris, s'arrêtant chaque fois qu'il passait devant la grande glace et disant à haute voix : « Pas mal ! Surtout la cravate. Tu n'es pas de mon avis, Paul ? Je crois que je vais rentrer à l'École comme ça, pour leur montrer qui je suis. J'espère que tu te rends compte que je t'ai donné la plus belle boutonnière ? Tu ne peux pas savoir ce que Llanabba est devenu, Paul ! Essaye donc de persuader maman de me retirer. Clutterbuck est parti, Coney est mort et les trois nouveaux maîtres sont absolument imbuvables. Il y en a un qui ressemble à ton ami Potts et en plus il bégaie et Pebroc dit qu'il a un œil de verre. Il s'appelle Mr. Makepeace. Il y en a un autre qui est roux et n'arrête pas de donner la férule et le troisième est plutôt chic type mais il a des crises d'épilepsie. Le docteur les a dans le nez tous les trois. Flossie est complètement détraquée et je me demande pourquoi maman ne pourrait pas l'envoyer en Amérique du Sud. Je suis content que tu portes un gilet croisé. J'en ai presque mis un pareil, mais j'ai pensé que j'étais trop jeune. Qu'en penses-tu ? Nous avons eu un journaliste à l'École qui voulait savoir tous les détails te concernant. Pebroc lui a raconté une très belle histoire, comme quoi tu allais nager la nuit dans la mer et y restais des heures à faire des élégies en latin. Mais il a tout gâté en ajoutant que tu avais les pieds palmés et une queue préhensile. Je ne te gêne pas pour t'habiller ? »

À mesure que sa tenue prenait forme, Paul retrouvait sa belle humeur. « Je ne suis pas mal non plus », se dit-il en se regardant dans la glace. Puis arriva Alastair Digby-Vane-Trumpington qui prit une coupe de champagne.

— Notre mariage tient l'affiche comme pas un depuis une génération, dit-il. Sais-tu que le *Sunday Mail* m'a offert et versé cinquante livres pour signer un article sur les impressions que j'éprouve comme témoin ? L'ennui c'est que tout le monde verra bien que ce n'est pas de moi, c'est trop bien écrit. J'ai reçu une fameuse lettre de tante Greta. As-tu vu les cadeaux ? Le chargé d'affaires d'Argentine te donne les *Œuvres* de Longfellow reliées en cuir vert capitonné et le recteur de Scone des plats d'étain qui proviennent du réfectoire.

Paul ajusta le gardénia à sa boutonnière et ils descendirent déjeuner. Il y avait déjà dans le restaurant plusieurs personnes manifestement habillées pour une cérémonie de mariage. Paul éprouva une certaine satisfaction à se voir le point de mire de tous les regards. Le maître d'hôtel lui exprima ses vœux personnels en les conduisant à leur table, retenue par Peter, qui dit :

— Nous n'avons pas beaucoup de temps, mais heureusement le meilleur est au début.

Comme Paul cassait la coquille de son deuxième œuf de mouette, il fut appelé au téléphone.

— Darling, dit la voix de Margot, comment vas-tu ? Je meurs d'inquiétude depuis que tu es parti. J'avais terriblement peur que tu ne reviennes pas ! Tu vas bien, chéri ? Oui, moi je vais très, *très* bien. Je suis au lit et je déjeune et je me sens terriblement virginale, comme une débutante. J'espère que tu aimeras ma robe. À tout à l'heure, mon chéri. Ne laisse pas trop Peter se soûler.

Paul retourna au restaurant.

— J'ai mangé tes œufs, dit Peter. C'était trop tentant.

À deux heures ils avaient Wni. La seconde Hispano de Margot les attendait dans Arlington Street.

— Prenez encore un verre avec moi, dit le témoin. Nous avons tout le temps.

— Je pense que pour ma part ce serait une erreur, dit Peter.

Paul et son témoin se firent servir un brandy.

— Dis donc, Paul, dit Alastair Digby-Vane-Trumpington, tu ne trouves pas que c'est drôle ? Qui aurait pu penser quand j'ai fait le Boller chez moi à Oxford que cela finirait comme ça ?

Paul fit tourner son cognac dans le ballon, en huma le bouquet et l'éleva :

— À la Dame la plus calomniée qui soit, la Fortune ! dit-il.

— Lequel de ces messieurs est Paul Pennyfeather ?

Paul posa son verre et se tourna vers un homme d'un certain âge et d'allure militaire qui se tenait debout à côté de sa chaise.

— C'est moi, dit-il. Si vous êtes journaliste, je n'ai plus le temps…

— Inspecteur Bruce, de Scotland Yard, dit l'homme. Je vous prie d'avoir l'obligeance de venir vous entretenir avec moi dehors.

— Vous n'y pensez pas, inspecteur, je suis trop pressé ! Je suppose qu'il s'agit de la surveillance de la corbeille. Vous auriez dû venir plus tôt.

— Il ne s'agit pas de corbeille et je ne pouvais pas venir plus tôt. Votre mandat d'amener vient seulement d'être signé.

— Dites donc, vous, dit Alastair, vous êtes fou, non ? Ou alors, vous faites erreur sur la personne, et vous allez être la risée de Scotland Yard. Le gentleman que voici est Mr. Paul Pennyfeather qui se marie dans une heure à Sainte-Margaret.

— Je ne suis pas au courant, dit l'inspecteur Bruce. Tout ce que je sais, c'est qu'il est l'objet d'un mandat d'amener et que tout ce qu'il dira à partir de maintenant sera susceptible d'être utilisé en témoignage contre lui. Et quant à vous, jeune homme, je ne vous conseille pas de me gêner dans l'exercice de mes fonctions.

— Ce ne peut être qu'une erreur, une terrible erreur judiciaire, dit Paul, mais il faut bien que je le suive. Tâchez de contacter Margot et de lui expliquer.

L'aimable visage rose d'Alastair exprimait une stupéfaction abyssale. « Dieu de Dieu ! dit-il. Jamais rien vu de si drôle ! Je veux dire, on en rirait pendant tout un dîner si ce n'était pas maintenant ! »

Paul, livide, avait déjà quitté le restaurant.

Troisième partie

1. On ne fait pas une prison avec des murs

Le procès de Paul, qui se déroula à l'Old Bailey quelques semaines plus tard, déçut amèrement le public, les journaux, le jury et même les avocats. Certes, l'arrestation au Ritz, l'annonce à Sainte-Margaret de l'ajournement *sine die* de la cérémonie, le départ de Margot pour Corfou, le refus de mise en liberté provisoire, les repas envoyés à Paul en prison dans les plats d'argent de chez Boulestin, tout cela avait bien fait la *une* des journaux pendant tout le temps de l'instruction. Mais le procès lui-même et la condamnation de Paul tombèrent tout à fait à plat. Il avait d'abord, malgré les exhortations de son avocat, plaidé coupable à tous les chefs d'accusation, et il ne se décida à se défendre qu'une fois le procès entamé, quand le président l'eut averti que la loi autorisait la condamnation au chat à neuf queues pour les délits de cette sorte. La défense n'opposa aucun témoignage, sauf de bonne conduite, à celui d'Arthur Potts, principal témoin de l'accusation, qui devait recevoir les félicitations du tribunal. Le nom de Margot Beste-Chetwynde ne fut pas cité une seule fois au cours des débats. Sa personne excita cependant un murmure flatteur lorsque le juge, en condamnant le coupable, fit la remarque suivante : « Personne n'ignore ici avec quelle insensibilité, quelle insolence, le jour même de votre arrestation pour ce crime infâme, vous vous apprêtiez à unir votre nom à un nom honoré dans l'histoire de notre pays et à traîner ainsi dans la boue de votre pitoyable dépravation une dame de qualité, d'une grande beauté et à la réputation sans tache. » Et le juge de poursuivre : « La juste réprobation sociale frappe celui qui est assez inconstant et intempérant pour chercher son plaisir auprès de cette marchandise abjecte qui souille encore la gloire de notre civilisation. Mais à ceux qui font commerce de cette marchandise, à ces vampires humains qui vivent de la dégradation de l'espèce à laquelle ils croient appartenir, la société se réserve le droit d'infliger une vindicte impitoyable. » Paul alla donc en prison, les journaux parlèrent à la rubrique des faits divers de la « condamnation du play-boy vampire » et pour le public l'affaire fut close.

Avant cet événement, cependant, une conversation avait eu lieu qui mérite peut-être de retenir l'attention de ceux qui s'intéressent encore aux troubles péripéties qui ont marqué le destin de l'ombre de Paul. Avant le procès il avait reçu dans sa cellule la visite de Peter Beste-Chetwynde.

— Hello, Peter ! dit-il.

— Hello, Paul ! dit Peter. Maman m'a demandé de venir te voir. Elle veut savoir si tu reçois bien les repas qu'elle a commandés pour toi. J'espère qu'ils te plaisent, parce que c'est moi qui ai choisi les menus. Je pensais que tu n'aimerais pas des choses trop lourdes.

— Ils sont très bons, dit Paul. Comment va Margot ?

— C'est de cela que je suis venu te parler. Elle est partie.

— Où ça ?

— Elle est partie toute seule à Corfou. C'est moi qui l'en ai persuadée. Elle voulait rester pour le procès, mais tu peux imaginer tout ce que les gens et les reporters nous ont déjà fait souffrir. Tu ne lui en veux pas, dis ? Et puis, écoute, il y a autre chose. Est-ce que ce flic peut entendre ? Voilà : tu te rappelles cet affreux bonhomme, Maltravers. Tu sais peut-être qu'il est devenu ministre de l'Intérieur au dernier remaniement. Il est allé voir maman dans le pire style des ouvrages d'Oppenheim, et il lui a dit que si elle l'épousait il te ferait sortir. Moi je crois que c'est du pur roman, mais maman croit qu'il dit vrai et elle veut savoir ce que tu en penses. Elle a tendance à croire que tout ce qui est arrivé est un peu sa faute, et elle veut faire tout ce qu'elle peut pour t'aider, sauf aller elle-même en prison. Tu ne peux pas imaginer maman en prison, n'est-ce pas, vieux ? Donc, préfères-tu sortir maintenant et qu'elle épouse Maltravers ? ou bien veux-tu attendre de sortir pour l'épouser toi-même ? Je crois qu'elle ne bougera pas de là.

Paul pensa au professeur Silenus : *dans dix ans elle sera usée*, puis il dit :

— Je préfère qu'elle attende si tu crois qu'elle le pourra.

— Je savais bien que tu dirais ça, Paul ! Je suis très content. Maman a dit : « Je ne te dis pas de lui dire que je ne sais pas comment je pourrai jamais lui faire oublier tout cela, parce que je pense qu'il sait que je pourrai. » Ce sont ses propres paroles. Combien crois-tu que tu vas écoper ? Un an ? Deux ?

— Eh, vas-y doucement, Peter !

Quand le juge le condamna à sept ans de réclusion criminelle, Paul accusa le coup. *Dans dix ans elle sera usée*, se dit-il dans la voiture cellulaire qui l'emmenait à la prison de Blackstone.

Dès le premier jour, Paul fit à Blackstone un certain nombre de connaissances et renoua avec d'anciennes. La première fut un gardien au front bas qui eut quelque difficulté à écrire le nom de Paul dans le registre d'écrou mais qui, tout en le conduisant à sa cellule, lui donna la preuve qu'il lisait les journaux.

— C'est pas exactement le Ritz, hein, sale maquereau ? N'oublie pas qu'ici nous n'aimons pas les types de ton genre et que nous savons comment les traiter.

Ici tu ne verras rien qui te rappelle même de loin ta vie passée.

Sur ce dernier point le gardien se trompait, puisque le second interlocuteur de Paul à la prison fut Philbrick. La tenue ne lui allait pas, le menton était mal rasé, mais il avait encore grande allure, sans qu'on pût vraiment s'expliquer pourquoi.

— Je me doutais bien qu'on se reverrait sous peu, dit-il. Vous avez de la chance que je sois connu ici et qu'ils m'aient mis à la réception. Je vous ai gardé la meilleure tenue : pas un pou, ou presque.

Il lui jeta une pile de vêtements marqués d'une flèche. Le gardien revint avec apparemment un supérieur. Ensemble, ils firent un inventaire méticuleux des affaires de Paul.

— Souliers, marron, une paire ; chaussettes, fantaisie, une paire ; fixe-chaussettes, soie noire, une paire, disait le gardien en inscrivant. « Jamais vu un type avec autant d'affaires ! »

On vérifia plusieurs fois, laborieusement à cause de l'orthographe.

— Porte-cigarettes, métal blanc, contenant deux cigarettes ; montre-bracelet, métal blanc ; épingle de cravate, fantaisie (elle avait coûté à Margot beaucoup plus que le gardien ne gagnait en un an) ; boutons de col, os, une paire ; boutons de manchettes, fantaisie, une paire.

Ils examinèrent dubitativement le coupe-cigare en or, cadeau d'Alastair :

— Quéque c'est qu' ça ?

— C'est pour les cigares, dit Paul.

— Je vois que tu ne manques pas de culot, dit l'homme au front bas en tapant sur la tête de Paul avec un des souliers qu'il tenait à la main. J'inscris *Instrument*. C'est tout, à moins qu'il n'ait des fausses dents. Tu as le droit d'en avoir, mais il faut le dire.

— Je n'en ai pas.

— Bandage herniaire ?

— Non.

— Pas d'autre prothèse ?

— Non.

— Bon, au bain !

Paul passa les dix minutes réglementaires dans les vingt-cinq centimètres d'eau également réglementaires dont l'odeur de désinfectant le rassura. Puis il enfila l'uniforme. La perte de ses effets personnels le remplissait d'une agréable sensation d'irresponsabilité.

— Vous avez de l'allure, dit Philbrick.

Puis ce fut la visite médicale.

— Nom ? dit le médecin, un éventail de formulaires déployé sur son bureau.

— Pennyfeather.

— Avez-vous jamais été détenu dans un asile d'aliénés et dans ce cas donnez les détails.

— J'ai été à Scone Collège, Oxford, pendant deux ans.

Pour la première fois depuis l'entrée de Paul, le médecin leva les yeux.

— N'essaye pas de jouer au plus fin avec moi, petit, dit-il, ou je te fais mettre la camisole de force.

— Excusez-moi.

— Ne parle pas au docteur si ce n'est pour répondre à une question, dit le gardien qui se tenait à côté de Paul.

— Excusez-moi, répéta étourdiment Paul qui reçut une tape sur la tête.

— Tuberculose ou autres maladies contagieuses ?

— Pas que je sache.

— Ce sera tout, dit le médecin. Je t'ai certifié apte à subir les formes de punition spécifiées ci-dessous, à savoir les menottes, les entraves, les fers, la ceinture, le secret, le régime alimentaire N° 1, le régime alimentaire N° 2, les verges, le chat à neuf queues. Pas de réclamations ?

— Tout cela en même temps ? dit Paul, un peu secoué.

— Oui, si tu continues à faire le malin. Ayez-le à l'œil, gardien. C'est une forte tête.

— Viens donc, dit le gardien.

Ils parcoururent un couloir, descendirent deux escaliers de fer. De longues galeries barrées de grilles de fer s'étendaient de chaque côté de l'enceinte du bâtiment sous une grande verrière. Sur le côté extérieur, le mur était percé d'innombrables portes avec un judas. À chaque étage, les galeries étaient reliées par des filets en métal.

— On ne se suicide pas ici, dit le gardien. Voici ta cellule. Tiens-la propre ou tu pâtiras. Et voici ton numéro.

Il épingla un insigne jaune sur la tunique de Paul.

— C'est comme au 11 novembre, dit Paul.

— Ta gueule !

Une fois enfermé dans sa cellule, Paul se dit : « Il est probable que j'apprendrai à respecter ces gens avec le temps. Ils me font tellement moins peur que les gens que j'ai rencontrés jusqu'ici ! »

Bientôt il reçut la visite de l'éducateur.

— Tu sais lire et écrire, D.4.12 ?

— Oui.

— Études alors ?

Paul donna le nom de sa petite *public school*.

— C'est une *public school* ou une *grammar school* ?

L'école en question était plutôt chatouilleuse sur ce point.

— Une *public school*, dit Paul loyalement.

— Jusqu'à quel niveau ?

— Là vous me gênez un peu. Je ne sais pas trop si nous avions un niveau.

L'éducateur inscrivit *Défaut de mémoire* et sortit. Il revint peu après avec un livre.

— Il faudra que tu te contentes de ça pendant un mois, dit-il. Je vais essayer de te faire entrer dans une des classes du matin. Tu n'auras pas trop de mal à déchiffrer le bouquin si tu sais lire couramment. Tu vois, ça commence là.

Et il lui indiqua la première page du livre. C'était une grammaire anglaise publiée en 1872. Paul lut :

— *Une syllabe est un son simple formé par un effort simple de la voix.* C'est vrai, dit-il. Je suis sûr que je trouverai ce livre très utile. Merci.

— En tout cas, si tu n'arrives pas à t'en tirer, tu pourras le changer dans un mois. Mais je te conseille de faire un effort.

La porte se referma. Le second visiteur fut l'aumônier.

— Voici votre Bible et votre livre de prières, dit-il. La Bible ne doit pas quitter la cellule. Vous pourrez changer le livre de prières une fois par semaine si vous le désirez. Vous êtes anglican ? Les offices sont facultatifs, c'est-à-dire que vous devez assister à tous ou à aucun.

L'aumônier parlait vite et le ton était nerveux. Il était nouveau et avait déjà vu cinquante prisonniers ce matin-là. L'un d'eux l'avait gardé longtemps en lui décrivant une vision qu'il avait eue la nuit précédente.

— Mais c'est Prendy ! dit Paul.

Mr. Prendergast lui lança un regard apeuré.

— Je ne vous avais pas reconnu, Pennyfeather, dit-il. Les gens sont tous pareils dans cet uniforme. Mon Dieu que c'est ennuyeux ! Dès que j'ai lu dans le journal que vous aviez été condamné, j'ai appréhendé qu'on ne vous envoie ici. Mon Dieu, mon Dieu, cela va être encore plus difficile !

— Ça ne va pas, Prendy ? Encore vos Doutes ?

— Non, c'est la discipline, exactement comme à Llanabba, seulement dix fois pire ! Je ne suis ici que depuis huit jours. J'ai eu beaucoup de chance d'obtenir ce poste. Mon évêque m'avait dit qu'il y avait beaucoup plus de possibilités pour un néo-chrétien dans ce genre de travail que dans une paroisse. Le directeur de la prison est très moderne lui aussi. Mais vous savez, les criminels sont bien pires que les élèves. Ils font semblant de se confesser et me disent des abominations rien que pour me faire marcher. À la chapelle ils font un tel boucan que les gardiens passent tout le temps de l'office à les discipliner. C'est irrespirable. Plusieurs d'entre eux ont été mis au régime alimentaire N° 1 ce matin pour s'être trompés – exprès – de paroles dans un des cantiques. Ils ne m'en détestent que davantage. Je vous en prie, Pennyfeather, il ne faut pas m'appeler Prendy. Et si quelqu'un passe, vous vous lèverez, n'est-ce pas ? Le gardien-chef m'a déjà rappelé à l'ordre sur cette question de la discipline.

À ce moment même, la face d'un gardien parut au judas.

— J'espère que vous avez compris l'énormité de votre crime et la justice de votre châtiment, dit Mr. Prendergast d'une voix qu'il s'efforçait d'affermir. Faites pénitence, Pennyfeather.

Le gardien entra dans la cellule.

— Excusez le dérangement, dit-il, mais je dois conduire celui-ci chez le directeur. Incidemment, il y a D.4.18 qui vous demande depuis plusieurs jours. Je lui ai promis de vous en parler. Seulement, *sir*, si vous me permettez, ne vous laissez pas faire. On le connaît depuis longtemps. C'est un vieux récidiviste mécréant – je vous demande pardon – qui n'est religieux que lorsqu'il veut quelque chose.

— C'est à moi de décider cela, gardien, dit Mr. Prendergast non sans dignité. Vous pouvez emmener D.4.12 chez M. le Directeur.

Sir Wilfred Lucas-Dockery n'était destiné ni par la nature ni par sa formation à devenir directeur de prison. Il devait sa nomination à un ministre de l'Intérieur travailliste fortement impressionné par un appendice sur la théorie pénale qu'il avait rédigé pour un rapport sur le *Traitement des Objecteurs de Conscience*. Jusqu'alors Sir Wilfred avait occupé la chaire de sociologie dans une université des Midlands. Seuls ses intimes et quelques élèves privilégiés savaient que sous son aspect académique et débonnaire il dissimulait une ardente ambition de faire avancer la chose publique de son temps. Il avait bien été deux fois candidat au Parlement, mais un candidat si timide que personne ne s'en était aperçu. Le colonel Mac-Adder, son prédécesseur à la direction de Blackstone, héros de nombreuses campagnes officieuses sur la frontière afghane, lui avait dit au moment de prendre une retraite bien méritée : « Bonne chance, Sir Wilfred ! Si vous voulez bien me permettre de vous donner un petit conseil, le voici : ne vous inquiétez pas du menu personnel ni des prisonniers. Faites la vie dure à votre adjoint immédiat et vous pouvez être certain qu'il transmettra avec usure. Si vous faites d'une prison un enfer, les gens feront en sorte de ne pas y venir. J'ai toujours appliqué cette politique et je n'ai eu qu'à m'en féliciter. » Cette même politique devait bientôt devenir familière aux curistes de Cheltenham Spa.

Mais Sir Wilfred avait son idée.

— Il faut que vous compreniez, dit-il à Paul, que j'entends établir un contact personnel avec tous les hommes qui se trouvent placés sous mon autorité. Je veux que vous soyez fier de votre prison et du travail que vous allez y accomplir. Dans toute la mesure du possible, je souhaite que chaque détenu poursuive les activités qu'il avait dans le civil. Quelle est la profession de cet homme, gardien ?

— Proxénète, *sir*.

— H'm, je vois. Je regrette, mais je ne pense pas qu'ici nous puissions vous faciliter beaucoup l'exercice de ce métier. Qu'est-ce que vous avez fait d'autre dans la vie ?

— À un moment, je suis presque devenu clergyman, *sir*.

— À la bonne heure ! Voyez-vous, avec le temps, s'il se trouve ici assez de détenus de mentalité comparable, j'espère bien créer une classe de théologie. Vous avez sans doute déjà rencontré M. l'Aumônier. C'est un homme aux idées larges. Mais pour l'instant, nous n'en sommes qu'au tout début de mon régime, et en attendant le changement, il faut bien que je me soumette à la continuité du Règlement qui est plutôt sévère. Il ordonne que vous passiez votre premier mois en cellule. Ce temps écoulé, nous verrons à vous trouver quelque chose de plus créatif, car nous ne voulons absolument pas que vous ayez le sentiment qu'on cherche ici à écraser votre personnalité. Connaissez-vous la maroquinerie ?

— Non, *sir*.

— Eh bien, je vous mettrai peut-être dans l'atelier d'artisanat. J'ai depuis longtemps la conviction que la plupart des crimes sont motivés par un désir refoulé d'expression esthétique. Je vais enfin avoir la possibilité de tester la valeur de cette conclusion. Êtes-vous extraverti ou introverti ?

— Je ne sais pas très bien, *sir*.

— Vous n'êtes pas le seul, hélas ! Depuis que je suis arrivé j'essaie d'obtenir du ministère la nomination d'un psychanalyste à demeure. Est-ce que vous lisez le *New Nation* ? Cette semaine, il contient un article assez flatteur sur l'institution où vous vous trouvez, intitulé *les Expériences Lucas-Dockery*. Il me plaît que les détenus soient au courant de ces choses. Cela forme l'esprit de corps. Cet article vous donnera peut-être un modeste exemple, pertinent dans votre cas, du travail que nous essayons de faire ici. Jusqu'ici, tous les délits relevant de la prostitution ont été classés dans la catégorie des délits dits sexuels. Or, je tiens personnellement que tout délit du genre de celui que vous avez commis relève essentiellement de l'instinct de propriété, et j'entends vous catégoriser en conséquence. Évidemment, cela ne changera rien à vos conditions de détention dont les modalités sont prescrites par le Règlement. Mais vous voyez d'ici la différence dans les statistiques annuelles ?

— L'approche personnelle, dit le directeur au gardien-chef quand Paul eut quitté la pièce. Là est toute la différence. Vous avez bien senti, n'est-ce pas, toute la différence que cela faisait à ce malheureux jeune homme de savoir que, loin d'être un simple numéro matricule, il faisait désormais partie intégrante d'une grande révolution statistique ?

— Oui, *sir*, dit le gardien-chef. Et je dois vous rappeler que demain matin vous avez deux nouveaux cas de tentative de suicide à juger. Vous ne pourriez pas être un peu plus stricts avec eux, *sir* ? Tous ces instruments tranchants dont vous avez doté l'atelier d'artisanat sont vraiment trop tentants, *sir !*

Enfermé à nouveau, Paul, pour la première fois, s'intéressa à sa cellule. Mais l'examen qu'il en fit fut vite fait. À part la Bible, le livre de prières, *Prières pour les différentes Occasions de Maladie, d'Incertitude et de Perdition*, par le Révérend Septimus Bead, M. A. (Édimbourg), 1863, et sa grammaire anglaise, il jouissait d'un petit pot en émail de la contenance d'une pinte, d'un couteau et d'une cuiller, d'une ardoise et d'un crayon approprié, d'une salière, d'un seau, de deux vaisseaux en terre cuite, de quelques ustensiles de nettoyage, d'un bois de lit qui se relevait contre le mur avec une literie qui s'enroulait dans un coin, d'un tabouret et d'une petite table. Un avis imprimé l'avertissait de ne pas regarder par la fenêtre. Trois cartes également imprimées et collées au mur contenaient des listes d'autres délits passibles de punitions, parmi lesquels figuraient la plupart des activités humaines, quelques prières de l'Église anglicane et une *Explication du Système des paliers successifs*. Il y avait aussi, dactylographiée, la *Pensée du Jour*, petite innovation de Sir Wilfred Lucas-Dockery. Celle du jour de l'incarcération de Paul était ainsi conçue : « PÉCHER C'EST GASPILLER (Le Directeur du *Sunday Express*) ». Paul étudia avec intérêt le *Système des paliers*. Au bout d'un mois, put-il lire, il aurait droit au travail en groupe, à une demi-heure de promenade le dimanche, au port d'un chevron au bras, à l'instruction si analphabète, à un ouvrage de fiction par semaine, et enfin, sur demande expresse au directeur, à l'exposition de quatre photographies de parents ou amis autorisés. Au bout de deux mois, sous réserve d'une conduite exemplaire, il pourrait recevoir une visite d'une durée de vingt minutes ainsi qu'une lettre, et en écrire une lui-même. Six semaines plus tard, il pourrait avoir une visite, une lettre et un livre par semaine.

Il se demanda si la photo de la nuque de Margot avait quelque chance d'être agréée au titre d'amie autorisée.

Au bout d'un temps, sa serrure grinça et la porte s'entrouvrit juste assez pour laisser passer une boîte en métal. Une voix souffla : « Ta pinte et grouille-toi ! » La pinte fut remplie de cacao et la porte se referma. La boîte contenait du pain, du bacon et des haricots. Il ne fut plus dérangé pendant quatorze heures, pendant lesquelles il tomba dans une longue rêverie. Pour la première fois depuis des mois, il était vraiment seul. « Comme c'est agréable ! » se dit-il.

Les quatre semaines de cellule devaient compter parmi les plus heureuses de la vie de Paul. Certes, le confort laissait à désirer, mais au Ritz il avait appris à l'apprécier à sa juste valeur ; et à présent, jour après jour, il jouissait de ne jamais avoir à prendre aucune décision sur rien, d'être complètement à l'abri de la moindre servitude occasionnée par le temps, les repas, le vêtement, de n'avoir jamais à se soucier de l'impression qu'il pouvait faire : en somme, d'être libre. Dans le froid du petit matin, une sonnerie retentissait, un gardien criait *les ordures dehors* ! Il se levait, enroulait sa literie, faisait ses ablutions, s'habillait. Aucun besoin de se raser, de choisir une cravate, de s'escrimer avec des boutons de col ou de manchettes, rien de tout ce qui distrait les moments de veille de l'homme civilisé. Dès son réveil, il se sentait comme ces types heureux des réclames de crèmes à raser mais sans être obligé de s'oindre pour cela du baume fallacieux. Pendant une heure, il cousait un sac postal, puis la porte s'entrebâillait pour laisser passer un quignon de pain et une grande louchée de porridge. Ensuite il faisait un peu de ménage et se remettait à sa couture jusqu'à la cloche qui l'appelait à la chapelle. Pendant vingt minutes, il devait écouter Prendy fulminer contre les splendeurs du Rituel ancien. C'était à mourir d'ennui, ainsi que la promenade qui venait ensuite, vingt fois le tour en file indienne de la cour intérieure au centre de laquelle poussaient tant bien que mal quelques pauvres têtes de choux. Parfois un détenu s'arrêtait, s'agenouillait sous prétexte de renouer son lacet et mordait furtivement dans les feuilles de ces tristes végétaux. Il encourait une punition sévère. Paul n'éprouva jamais cette tentation.

Après la promenade restaient encore le déjeuner, le souper et l'inspection du directeur. Le Règlement exigeait que la confection d'un certain nombre de sacs postaux le tînt occupé pendant neuf heures. Ses voisins, qui selon le gardien « n'avaient pas tout », ne parvenaient pas à soutenir le train et devaient travailler jusqu'à l'extinction des lumières, tandis que Paul, sans se fouler, avait toujours fini avant le souper, ce qui lui laissait toute sa soirée pour méditer et inscrire sur son ardoise ses pensées de la journée.

2. Les expériences Lucas-Dockery

Sir Wilfred Lucas-Dockery, on l'a déjà laissé entendre, réconciliait en sa personne, à un degré rarement atteint dans le service pénitentiaire, la science, l'ambition et l'optimisme. Il attendait avec confiance le temps où les expériences Lucas-Dockery seraient reconnues comme l'aurore d'une ère nouvelle dans l'histoire de la criminologie et il se citait déjà des phrases tirées des histoires sociales de l'avenir, telles que celle-ci : *L'un des rares événements marquants de ce bref gouvernement travailliste fut la nomination à la direction de la prison de Blackstone de Sir Wilfred Lucas-Dockery. La gestion de ce courageux et clairvoyant fonctionnaire peut à juste titre être considérée comme la clé de voûte du système pénitentiaire et de la criminologie modernes. Il ne serait nullement exagéré d'affirmer qu'aucun homme n'occupe une situation aussi distinguée dans l'histoire du réformisme social en ce siècle.* Cette ampleur de vue ne le mettait pas à l'abri d'insidieux affrontements avec son gardien-chef. C'est ainsi qu'un jour qu'il travaillait à un mémorandum destiné à la Commission des Prisons – précisément un de ces travaux sur lesquels il entendait bâtir son illustration future – il fut interrompu par ce gardien-chef.

— Problème dans l'atelier de reliure, *sir.* L'instructeur signale que les détenus y affectés ne mettent plus la main à la pâte que pour la manger, sous prétexte qu'elle est meilleure que leur porridge du matin, *sir.* Il va falloir soit poster un surveillant de plus, soit mettre quelque chose dans la pâte pour la rendre immangeable, *sir.*

— A-t-elle une valeur nutritive ? s'enquit Sir Wilfred.

— Je ne saurais dire, *sir.*

— Faites peser les hommes de l'atelier de reliure et signalez-moi toute augmentation éventuelle de poids. Je vous ai dit cent fois, gardien-chef, qu'avant de m'apporter un problème vous deviez vous assurer scrupuleusement des faits.

— À vos ordres, *sir* ! Ensuite il y a une pétition de la part de D.4.12. Il vient de terminer son mois de cellule et il demande à rempiler pour un mois.

— Je ne suis pas partisan du travail cellulaire. Ce régime fabrique des introvertis. Qui est D.4.12 ?

— Peine longue, *sir.* En attente de transfert à Egdon, *sir.*

— Je veux le voir.

— À vos ordres, *sir.*

On amena Paul.

— J'apprends que vous voulez continuer de travailler en cellule au lieu de bénéficier du privilège de travailler en groupe. Pourquoi ?

— Je trouve le travail en cellule beaucoup plus intéressant, *sir*.

— Demande irrégulière, intervint le gardien-chef. Un détenu ne peut être privé d'un privilège que s'il a contrevenu à une règle et que la contravention est attestée par deux fonctionnaires. Le Règlement est formel.

— N'auriez-vous pas des tendances narcissiques ? demanda le directeur à Paul. Il est bien ennuyeux que le ministère n'ait pas encore répondu à ma demande d'un psychanalyste !

— Je propose qu'on le mette en haute sécurité, dit le gardien-chef. Cela fait toujours sortir la folie. J'ai eu plusieurs cas qu'on n'aurait pas cru qu'ils étaient cinglés – tout au plus excentriques – et qui après quelques jours en haute sécurité sont devenus fous furieux. Le colonel MacAdder se servait beaucoup de la haute sécurité, *sir*.

— Étiez-vous très seul avant votre condamnation ? Vous n'auriez pas été berger, ou gardien de phare, par hasard ?

— Non, *sir*.

— Bizarre. Je vais réfléchir à votre cas et je vous donnerai ma réponse le plus tôt possible.

Paul fut reconduit à sa cellule. Dès le lendemain, il comparaissait à nouveau.

— J'ai minutieusement réfléchi à votre demande, dit Sir Wilfred. J'ai même décidé d'en parler dans le livre que je suis en train d'écrire sur la mentalité criminelle. Vous aimeriez peut-être savoir ce que j'ai déjà rédigé à votre sujet ?

Comme Paul ne répondait pas, le directeur prit sur lui de lire :

CAS R

Jeune homme de bonne famille et de quelque instruction. Casier vierge avant sa condamnation à sept ans de réclusion criminelle pour proxénétisme. À la fin du premier mois réglementaire en cellule, R demande une prolongation de régime cellulaire. Traitement prévu par le Règlement : Soit 1) détention en haute sécurité jusqu'à détermination médicale de son état mental ; 2) travail en groupe à moins de perte motivée de ce privilège. Traitement de Sir Wilfred Lucas-Dockery : J'ai diagnostiqué que R souffrait de tendances misanthropiques dues à un sentiment d'infériorité en présence d'autrui. Son délit était en fait une tentative pour affirmer son individualité aux dépens de l'esprit communautaire (voir les cas D, G et I). J'ai donc tenté de réduire ses inhibitions sociales moyennant une série de mesures graduées. Dans un premier temps, il a été mis à l'exer-

cice en compagnie d'un autre détenu pendant une demi-heure chaque fois. Conversation autorisée durant ces périodes : histoire, philosophie, actualité, etc. Compagnon à choisir parmi les détenus dont le profil tendait le moins à aggraver ou encourager le comportement de R.

— Voilà où j'en suis, dit Sir Wilfred. Pour la suite, nous verrons. Mais vous pouvez dès maintenant convenir qu'on s'occupe de vous à titre individuel. D'ores et déjà vous avez la satisfaction de savoir que, grâce à mon rapport, vous allez peut-être devenir un cas dans les annales scientifiques internationales. *Le traitement par Sir Wilfred Lucas-Dockery se révélait ainsi fondamental pour le traitement des générations futures.* Voilà qui est de nature à vous élever au-dessus des mesquineries de la banalité quotidienne, si je ne me trompe ?

Paul fut reconduit à sa cellule.

— Les détenus qui travaillent dans les cuisines font valoir qu'ils ne peuvent pas travailler avec C.2.9, dit le gardien-chef. Motif : maladie infectieuse de la peau des mains.

— Laissez-moi donc tranquille avec ces bagatelles ! dit le directeur avec humeur. Comment voulez-vous que je mette au point le 2e stade de la réhabilitation de R, pardon de D.4.12 ?

Ce même après-midi, le cas R des expériences Lucas-Dockery passait au 1er stade de sa réhabilitation.

— Sors, dit le gardien, et mets ton bonnet.

Sans ses files tournantes, la cour avait un aspect particulièrement désolé.

— Reste là et ne bouge pas avant que je revienne, dit le gardien.

Il revint peu après avec un petit homme osseux habillé en détenu.

— V'là ton copain, dit le gardien, et v'là l'itinéraire que vous devez suivre. Défense de vous toucher, même vos vêtements. Défense de vous refiler quoi que ce soit. Vous marchez à une distance d'un mètre l'un de l'autre en causant d'histoire, de philosophie et d'autres choses du même goût. Quand je sonne la cloche, vous la fermez immédiatement, compris ? Vous marchez au pas normal. V'là la consigne du directeur. Et gare à vos couilles si vous marchez pas droit. Marchez !

— Quelle connerie ! dit le petit homme. J'ai été dans six prisons et j'ai jamais rien vu de pareil. C'est pas réglo. On ne sait vraiment plus sur quel pied danser. Cette taule s'en va. Regardez l'aumônier : il porte une perruque.

— Vous êtes ici pour longtemps ? demanda poliment Paul.

— Pas ce coup-ci. Ils n'ont pas pu trouver ce qu'il fallait ; *vagabondage délictueux*, vous pensez, ça ne va pas chercher plus de six mois. Ils me surveillaient depuis longtemps, les vaches, mais j'étais au parfum.

Six mois, c'est convenable. Juste ce qu'il faut pour renouer avec les potes et vous redonner l'envie du macadam. Et comme je suis connu ici, j'ai retrouvé comme toujours mon vieux boulot : balayeur d'étage. T'as dû souvent voir ma menotte te passer ta boustifaille. Je suis apprécié, tu comprends, et on me garde ma place.

— C'est une bonne place ?

— Il y a mieux, mais je m'en contente. La meilleure, c'est à la réception. Mais il faut attendre des années, ou alors être pistonné. C'est normal, parce que là t'es vraiment pénard. Tu vois les nouveaux qui arrivent, t'entends les nouvelles, on te refile du tabac et des tuyaux pour les courses. T'as remarqué le balayeur quand t'as été écroué ? Tu sais son nom ?

— Il se trouve que je le sais. Il s'appelle Philbrick.

— Là tu n'y es pas, vieux. Je veux dire le grand mastard qui cause tout le temps d'hôtels et de restaurants.

— C'est bien Philbrick

— Non monsieur, il s'appelle pas Philbrick. C'est le frère du directeur, Sir Solomon Lucas-Dockery. Il me l'a dit soi-même. Incendie criminel. Un château dans le Pays de Galles. C'est quelqu'un.

3. Mort d'un néo-chrétien

Quelques jours plus lard, Paul entra dans ce qui était sans doute le 2e stade de sa réhabilitation. Quand il arriva dans la cour pour sa promenade, son compagnon habituel avait été remplacé par un grand gaillard à la carrure impressionnante. Il avait une barbe et des cheveux roux, les yeux ronges et de grandes mains rouges qui se tordaient convulsivement de chaque côté de son corps. Il tourna son regard bovin vers Paul et lui fit un petit grognement de bienvenue.

— Ton nouveau pote, dit le gardien. Commencez.

— Comment allez-vous ? dit Paul. Vous êtes ici pour longtemps ?

— Perpète, dit l'autre. Mais cela m'est égal. J'attends le Second Avènement.

Ils déambulèrent en silence.

— Vous pensez que cette idée du directeur est bonne ? dit Paul.

— Oui, dit son compagnon.

Ils firent trois tours sans parler.

— Causez, vous deux ! dit le gardien.

— Ça fait un changement, dit l'homme.

— Vous êtes ici pour quoi ? dit Paul. Ça ne vous fait rien que je vous le demande ?

— C'est dans la Bible. Figurativement. C'est peut-être pas clair pour vous, mais moi, ça m'aveugle.

— Ce n'est pas un livre facile à comprendre, n'est-ce pas ?

— S'agit pas de comprendre, mais de Voir. Vous avez quelquefois des visions ?

— Non, jamais.

— L'aumônier non plus. Mais il n'est pas chrétien. C'est une vision qui m'a amené ici, un ange habillé de flammes, avec une couronne de flammes sur la tête, et qui criait : « Tuez sans pitié, le Royaume est proche ! » Voulez-vous que je vous raconte ? Je suis charpentier de mon métier, ou du moins je l'étais, vous saisissez ? (Son accent était tantôt cockney, tantôt anglais biblique.) Pas menuisier : ébéniste. Un beau jour, comme je balayais les copeaux avant de fermer boutique, un ange du Seigneur est entré. D'abord je ne savais pas qui c'était. « J'allais fermer, lui dis-je. Que puis-je faire pour vous ? » C'est alors que j'ai remarqué qu'il avait des flammes tout autour de lui et un anneau de feu autour de la tête, comme je vous ai dit. Alors il m'a dit comme le Seigneur avait compté ses Élus et que le temps des Tribulations était proche. « Tuez sans pitié », répétait-il. Depuis quelque temps je ne dormais plus très bien. J'étais inquiet pour mon âme, et de savoir si je serais sauvé.

Toute la nuit j'ai pensé à ce que cet ange m'avait dit. Je n'ai pas compris tout de suite ce qu'il voulait dire, tout comme vous maintenant. Et puis ça m'est venu dans un éclair. Tout indigne que je sois, je suis Celui que le Seigneur a désigné. Je suis l'Épée d'Israël. Je suis le Lion des Élus du Seigneur.

— Et vous avez tué sans pitié ?

— Indigne que je suis, j'ai frappé le Philistin. Au nom du Seigneur des Armées, je lui ai tranché la tête. C'était pour un signe d'Israël. Et maintenant je suis en captivité et la joie est changée en pleurs, mais le Seigneur me délivrera à son heure. Malheur ce jour-là au Philistin ! Malheur à l'Incirconcis ! Il aurait mieux valu qu'une pierre fût attachée à son cou et qu'il fût précipité dans les profondeurs de la mer !

Le gardien agita sa sonnette.

— Rentrez, vous deux ! dit-il.

— Pas de réclamations ? dit le directeur quand il fit sa tournée.

— Si, *sir*, dit Paul.

Le directeur le regarda fixement.

— C'est bien vous que j'ai mis en traitement spécial ?

— Oui, *sir*.

— Alors vous n'avez aucune raison de réclamer. De quoi vous plaignez-vous ?

— J'ai des raisons de penser que l'homme avec qui on me fait faire l'exercice est un fou dangereux.

— Les plaintes d'un détenu contre un autre ne peuvent être prises en considération que si elles sont corroborées par le témoignage d'un gardien ou de deux autres détenus, dit le gardien-chef.

— À juste titre, dit le directeur. Je n'ai jamais entendu une réclamation aussi saugrenue. Toute délinquance est une forme de folie. Ce détenu avec lequel vous vous promenez, je l'ai choisi moi-même parce que je le jugeais particulièrement indiqué. Je ne veux plus entendre un mot.

Cet après-midi-là, Paul passa encore une inquiétante demi-heure dans la cour.

— J'ai encore eu une vision, dit le mystique homicide. Je ne sais pas encore ce qu'elle annonce, mais je le saurai bientôt.

— C'était une belle vision ?

— Les mots ne sauraient en décrire l'incomparable splendeur. Écarlate et ruisselante comme le sang. Je voyais toute la prison comme sculptée dans un immense rubis, dur et brillant, et les gardiens et les détenus qui entraient et sortaient comme des nuées de bêtes à bon dieu. Et puis tout à coup, le rubis est devenu mou et s'est mis à suinter, comme une grande éponge trempée dans du vin qui fondait en un grand lac écarlate. Alors je me suis réveillé. Je ne vois pas ce que cela veut dire, mais je sens la main de Dieu suspendue au-dessus de cette prison. Vous n'éprouvez jamais cela, comme si elle était bâtie dans les mâchoires d'une bête, et il y a des hommes qui courent dedans, tantôt seuls et tantôt en foule, s'enfonçant dans la gorge de la Bête, et son haleine est comme une forge ? Vous n'avez jamais senti cela ?

— Non, désolé, dit Paul. Est-ce qu'ils vous ont donné un livre de bibliothèque intéressant cette semaine ?

— *Le Secret de Lady Almina*, dit le Lion des Élus de Dieu. C'est de l'eau de rose, et très démodé. Mais j'ai ma Bible. Là, on y tue.

— Mon Dieu, vous avez l'air de beaucoup penser à tuer !

— Vous dites vrai, savez-vous ? C'est ma mission, c'est tout, dit le grand gaillard avec simplicité.

Tous les jours à dix heures sauf le dimanche, Sir Wilfred Lucas-Dockery avait l'impression d'être Salomon. C'est alors qu'il jugeait les cas de délinquance sur lesquels son attention avait été attirée. De son fauteuil, en son temps, le colonel MacAdder avait fait pleuvoir des sentences strictement conformes à l'esprit et à la lettre du *Règlement Concernant le Gouvernement des Prisons de Sa Majesté*, distribuant la justice comme un distributeur automatique de gare : le prévenu était la pièce et la peine le billet. La méthode de Sir Wilfred était toute différente. Il aimait à penser que jamais son cerveau n'était plus alerte ni le vaste grenier de ses connaissances plus disponible que lorsqu'il siégeait dans son petit prétoire de simple police. *On ne sait jamais ce qu'il va faire*, se lamentaient ensemble gardiens et détenus.

— La Justice, disait-il, est la capacité de considérer chaque cas comme entièrement neuf.

En quelques mois, Sir Wilfred avait pu constater avec orgueil une diminution spectaculaire du nombre des cas qui lui étaient soumis.

Un matin, peu après la dernière réclamation de Paul, son compagnon fut traduit devant le directeur.

— Bonté divine ! s'écria Sir Wilfred. N'est-ce pas là un homme que j'ai mis en traitement ? Motif, s'il vous plaît.

— J'étais de service la nuit dernière entre 20 heures et 4 heures, récita un gardien, quand mon attention a été attirée par des bruits en provenance de la cellule de l'accusé. M'étant mis au judas, j'ai vu de visu ledit accusé arpenter sa cellule dans un état d'agitation fébrile. Il tenait une Bible dans une main et dans l'autre un morceau de bois qu'il avait arraché à son tabouret. Ses yeux étaient hagards, il respirait bruyamment et de temps à autre il bredouillait des versets de la Bible. S'étant aperçu que je le regardais, il m'a adressé la parole en termes préjudiciables au bon ordre et à la discipline. Je lui ai alors donné un avertissement.

— Quelles étaient les paroles incriminées ?

— Il m'a traité de Moabite, d'abomination de Moab, de pot à eau, d'impur, de Moabite incirconcis, d'idolâtre, de prostituée de Babylone, etc.

— H'm, je vois. Qu'en pensez-vous, gardien-chef ?

— Insubordination. Essayez donc le Régime alimentaire N° 1, *sir*.

Quand Sir Wilfred demandait son opinion au gardien-chef, ce n'était pas un conseil qu'il cherchait. Ce qu'il souhaitait dégager, dans son esprit et peut-être même dans celui de l'accusé, c'était la différence qui existait entre les voies officielles et les siennes.

— À votre avis, gardien-chef, quelle est la partie la plus significative du témoignage que nous venons d'entendre ?

Le gardien-chef réfléchit profondément.

— Au total, je dirais que c'est la prostituée de Babylone, *sir*.

Sir Wilfred eut un petit sourire, comme un prestidigitateur qui a réussi à faire prendre la bonne carte au spectateur naïf.

— Quant à moi, dit-il, je pense autrement. Je vais peut-être vous surprendre, mais je dirais que l'élément réellement significatif, c'est le fait que l'accusé tenait à la main un morceau du tabouret.

— Évidemment, reconnut le gardien-chef, dégradation des biens meubles de l'Institution, c'est grave.

— Et maintenant, accusé, vous allez me dire quel était votre état avant votre condamnation.

— Menuisier, *sir*.

— *Je le savais*, dit Sir Wilfred en accentuant son sourire. Nous sommes encore une fois en présence d'un refoulement du besoin de création. Écoutez-moi bien, mon bonhomme. C'est très mal à vous d'avoir insulté le gardien, qui n'est rien de tout ce que vous avez dit. Il est, entendez-vous, le symbole de la juste colère de la société à votre égard. Comme tout le personnel de cet établissement, il appartient à l'Église d'Angleterre et il est normal qu'il soit incirconcis. Mais je vous comprends, mon ami. Vous étiez habitué à un travail manuel créateur, et maintenant vous vous trouvez en prison et privé de vos moyens d'expression. D'où ces éclats soudains et infantiles par lesquels vous libérez votre énergie créatrice. Eh bien, je vais voir à ce qu'un établi pourvu de tous les outils du menuisier soit mis à votre disposition. Et votre première tâche sera de réparer l'humble meuble que vous avez si gratuitement endommagé. Ensuite nous verrons à vous occuper à ce que vous voulez et savez faire. Vous pouvez disposer.

Quand le condamné eut été retiré, Sir Wilfred ajouta, à l'intention du gardien-chef :

— Votre Règlement ne vise que les symptômes. Il n'atteint pas les causes profondes.

Deux jours plus tard, dès le réveil, toute la prison fut en effervescence. Il était arrivé quelque chose. Paul se réveilla à la cloche, comme d'habitude, mais il s'écoula plus d'une demi-heure avant l'ouverture des portes des cellules. Il entendit la litanie *Ordures dehors* se rapprocher, accompagnée de rageurs *Pose pas de questions*, ou *Mêle-toi de ce qui te regarde* ou *Tu le sauras assez vite*. Que pouvait bien être l'événement insolite ? La méningite cérébro-spinale, pensa Paul, ou quelque désastre national, guerre ou révolution ? Dans leur mutisme forcé, les détenus avaient les nerfs tendus à se rompre et leurs sens exacerbés guettaient les moindres indices. Paul vit des hécatombes sur le visage du gardien.

— Quelque chose qui ne va pas ? demanda-t-il.

— Le premier qui me pose encore cette question va devant le directeur, dit l'homme.

Paul se mit à frotter le sol de sa cellule. La curiosité trompée le disputait dans son esprit au désagrément causé par l'entorse faite à sa chère routine. Deux gardiens passèrent lentement devant sa porte.

— Je te dis pas que je le plains pas, le pauvre vieux, dit le premier, mais ce que je dis c'est qu'il est temps que le patron se tienne à carreau.

— Ç'aurait pu être toi ou moi, dit l'autre.

On apporta le petit déjeuner. Quand la main du petit détenu osseux parut dans l'entrebâillement de la porte, Paul demanda à voix basse : « Qu'est-ce qui s'est passé ? »

— Quoi, t'es pas au courant ? souffla le vagabond délictueux. Un assassinat. Du sang jusqu'au plafond.

— Boucle-la et avance, dit un gardien.

« Ainsi le directeur a été assassiné, se dit Paul. C'était un vieux con, d'accord, mais il n'était pas méchant. »

Un assassinat, cela se remarque à peine dans le joyeux monde du métro et des tramways, mais dans cette communauté du silence, c'était comme un premier coup de tonnerre dans le calme avant l'orage. Il n'y avait plus qu'à attendre d'aller à la chapelle. Enfin la cloche sonna. Les portes des cellules s'ouvrirent, les détenus se mirent en rangs, s'ébranlèrent et prirent place en silence. Ces offices étaient le moyen reconnu d'échanger des informations. Comme par hasard, ce jour-là, le voisin de Paul était Philbrick. Il avait déjà pu constater que la victime n'était pas le directeur, debout dans le chœur, son livre de prières à la main. Par contre, Mr. Prendergast demeurait invisible. Ce fut le directeur qui officia, et le médecin-chef lut l'Évangile, achoppant sur les mots les plus longs. Où était donc Prendy ?

Tout le monde attendait le premier cantique. Il fut annoncé ; l'orgue préluda, merveilleusement joué par l'ancien organiste-adjoint d'une cathédrale galloise. Toutes les poitrines se remplirent d'air. Paul et Philbrick chantèrent :

— Ô Dieu, notre secours dans tous les âges
Où est Prendy c'matin ?
— Vous ne savez pas ? Il a son affaire
Notre éternel secours.

Le père Prendy est allé voir un type
Qu'avait eu des visions
Il était fou furieux et il avait
Un marteau et une scie
— Qui a laissé au fou toutes ces choses ?
— Qui vous croyez ? Le singe.
Le fou voulait être menuisier
Il a scié la tête.

Un copain qu'a la cellule à côté
il a tout entendu.
Le gardien a dû tout entendre aussi
mais il a pas bougé.

Le Temps, ce grand fleuve majestueux
Emporte ses enfants.
Le pauvre Prendy a gueulé à mort
pendant une demi-heure.

Si ça n'avait pas été lui c'était
peut-être vous ou moi.
Le maton dit et je suis bien d'accord :
Bien fait pour le vieux singe.

À tous points de vue c'était une chance que le dément eût choisi Mr. Prendergast. Il y eut même des gardiens et des détenus pour insinuer que ce choix venait de haut. La mort d'un détenu ou d'un gardien aurait provoqué une enquête du ministère de l'Intérieur qui aurait pu sérieusement entraver les expériences Lucas-Dockery et jeter le discrédit sur la gestion du gardien-chef. Au lieu de cela, la mort de Mr. Prendergast passa quasi inaperçue. Son assassin fut promptement transféré à Broadmoor et le calme revint à Blackstone. On put cependant constater que l'influence du gardien-chef sur son directeur augmentait de jour en jour. De plus en plus Sir Wilfred concentrait son attention sur la préparation des statistiques, laissant les affaires courantes à son subordonné armé du Règlement. « On se croirait revenus au temps du vieux MacAdder », disaient les gardiens. Mais Paul ne devait pas récolter les bénéfices de cet heureux retour à la tradition : peu de temps après, il partit avec quelques autres détenus pour la Colonie pénitentiaire d'Egdon Heath.

4. Ni une cage avec des barreaux

Quand le brouillard se lève, les murs de granit de la Colonie pénitentiaire d'Egdon Heath sont visibles de la grand-route, de sorte qu'il n'est pas rare de voir les voitures s'arrêter un instant et leurs occupants se dégourdir les jambes en contemplant un spectacle de choix. Mais plus que du granit, ce qu'ils sont venus voir ce sont les forçats, et le plus souvent ils ont la chance d'apercevoir sur la lande une équipe d'hommes en tenue rayée, enchaînés les uns aux autres et travaillant sous la surveillance d'un cavalier armé. De loin, ils donnent une impression réconfortante de productivité, impression trompeuse s'il en est, car une fois défalqué le temps de marche aller et retour de la Colonie aux carrières, celui de la remise et du compte des outils, de l'enchaînement et du déchaînement des travailleurs, il reste peu de temps pour le travail effectif. Néanmoins, la prestation de la Colonie mérite généralement le détour, ne serait-ce qu'à cause de l'émotion induite par la vue des chaînes et l'aspect des bâtiments, qui suffit amplement pour renvoyer l'excursionniste au salon de thé du village avec une conscience agréablement chatouillée par le souvenir de ces mille peccadilles, cendriers escamotés ou déclarations d'impôts trop étudiées, qui jalonnent l'existence de tout homme civilisé.

Paul arriva de Blackstone à la fin d'un après-midi d'automne, avec deux gardiens et deux autres condamnés à long terme. Ils avaient voyagé en troisième, dans un compartiment réservé où les gardiens s'étaient laissés aller aux confidences en fumant la pipe.

— Tu trouveras pas mal d'améliorations depuis la dernière fois que tu es venu, dit l'un des gardiens à son camarade. Il y a deux nouveaux vitraux dans la chapelle, offerts par la veuve du dernier directeur. Ils sont vraiment beaux. On y voit saint Pierre et saint Paul en prison délivrés par un ange. Et il y a des détenus iconoclastes pour s'en plaindre !... La semaine dernière, on a eu une conférence à vrai dire pas très appréciée sur *l'Œuvre de la Société des Nations* par un jeune type à lunettes. Mais ça fait un changement. Il paraît que des changements, vous en avez eu en pagaille à Blackstone ?

— Je veux, dit l'un des détenus, qui fit un récit très coloré de la mort de Mr. Prendergast.

Un peu plus tard, l'un des gardiens, ayant observé que Paul restait modestement à l'écart de la conversation, lui tendit un journal.

— Tiens, fiston, si ça t'intéresse. T'en verras pas un autre de sitôt.

Paul ouvrit distraitement le journal. Tout ce qu'il savait du monde extérieur depuis son incarcération, il le devait aux bulletins hebdomadaires de Sir Wilfred Lucas-Dockery. Il avait tôt découvert en prison que la soif de « nouvelles » dont souffrent les hommes libres n'est pas le fait d'une curiosité véritable envers ce qui se passe dans le monde, mais un effet du désir de « connaître la suite ». Tout au long de ses années de liberté, il n'avait jamais laissé passer plus d'un jour ou deux sans lire un ou deux journaux, avide qu'il était de suivre plusieurs séries d'événements qui semblaient ne jamais devoir finir ; mais la moindre rupture d'assiduité de sa part semblait dissiper sa curiosité et les séries en cours avoir perdu tout intérêt pour lui quand il retrouvait son journal. Mais il s'agissait bien de cela à présent ! Il fut tout ému de trouver dans une page intérieure une photographie de Margot et de Peter. *L'honorable Mrs. Beste-Chetwynde*, lut-il, *et son fils Peter qui succède à son oncle le comte de Pastmaster.* Dans la colonne adjacente, il y avait l'annonce de la mort de lord Pastmaster suivie d'une brève récapitulation de sa vie dénuée d'événements. Et l'article concluait : *Nous croyons savoir que Mrs. Beste-Chetwynde et le jeune comte sont sur le point de rentrer en Angleterre de leur villa de Corfou. Aucun de nos lecteurs n'ignore que la belle Mrs. Beste-Chetwynde est depuis longtemps l'une des reines de la société londonienne. L'accession de son fils au titre de son oncle nous rappelle la sensation causée en mai dernier par l'annonce de ses fiançailles avec Mr. Paul Pennyfeather et l'arrestation dramatique du fiancé dans un grand hôtel de Londres quelques heures avant le mariage. Le nouveau lord Pastmaster a seize ans. Il fait des études strictement privées.*

Paul se cala dans son siège, les yeux rivés à la photo, tandis que ses compagnons entamaient une partie de poker en flagrante violation du Règlement. Après six semaines de méditations solitaires, il n'avait pas encore réussi à se faire une idée claire de ce qu'il ressentait à l'égard de Margot Beste-Chetwynde. D'une part, il éprouvait tout le poids mort des préceptes hérités de générations d'hommes d'Église et de maîtres d'école. De ce côté-là, le problème était ardu mais non insoluble. En protégeant la jeune femme, il avait *fait ce qu'il fallait*. Cela au moins était clair. Mais Margot n'avait pas tout à fait rempli le rôle qui lui revenait dans cette perspective, car en l'occurrence elle était grossièrement coupable et il l'avait protégée – la protégeait encore – non du malheur ou de l'injustice mais contre les conséquences de ses crimes. Paul se sentait défaillir en entendant sa conscience de boy-scout lui chuchoter à l'oreille : *C'est Margot qui t'a mis dans le pétrin ; c'était à elle, nom de Zeus, de t'en tirer au lieu de se tirer*. Tout en cousant ses sacs postaux, il avait retourné cet argument sur toutes ses coutures, en n'arrivant qu'à une conviction croissante qu'il y avait quelque chose de radicalement inapplicable dans ce code tout fait, dans cette petite voix de l'honneur qui guide infailliblement tout Anglais où qu'il se trouve dans le monde. Mais d'autre part, quand Peter lui avait dit : *Tu n'imagines tout de même pas maman en prison ?* l'argument avait porté. Plus il y pensait et plus il y voyait l'expression d'une loi naturelle, et plus il appréciait la sagesse précoce de Peter. Tout en examinant la photo, il sentait se renforcer sa conviction qu'il y avait et devait y avoir une loi pour elle et une autre pour lui, et que les aigres arguties des apôtres du XIXe siècle n'étaient que de basses impertinences devant la beauté de Margot et l'amour que lui, Paul, éprouvait pour elle. Riche, elle l'était, certes, mais d'autres femmes riches pouvaient aller en prison. Quant à Margot, c'était obscène rien que d'y penser. Margot en tenue de prisonnière, Margot poussée dans les couloirs par des gardiennes de la trempe de miss Fagan la cadette, Margot visitée dans sa cellule par des dames patronnesses armées de livres de piété, Margot à la buanderie tournant la lessive des autres ? *Impossible.* Et si par extraordinaire la justice dans son aveuglement l'avait condamnée, la femme qu'elle eût envoyée en prison n'eût pas été Margot, mais une autre femme de même nom et lui ressemblant. Quant à emprisonner la Margot qui avait commis le crime, non, non, *impossible* ! Et s'il fallait absolument que quelqu'un souffre pour l'exemple, pour que soit dissuadé le public de fournir à des malheureuses comme Mrs. Grimes le seul emploi pour lequel la civilisation les eût préparées, il valait mieux que ce fût Paul que cette autre femme portant le nom de Margot, puisque quiconque a fréquenté une *public school* anglaise se sentira toujours relativement à l'aise en prison. Ce sont les gens élevés dans la joyeuse promiscuité des taudis, pensait Paul, qui sont aliénés en prison.

Que Margot était belle, se disait-il, même sur cette médiocre photographie de presse, cette grisaille d'encre ! Même le criminel le plus endurci présent dans le compartiment (trois condamnations pour chantage) posa ses cartes un instant et remarqua que l'air semblait embaumer les Champs-Élysées au début de juin. « C'est drôle, dit-il, on dirait qu'il y a du parfum ici ! » Cette observation les lança sur le sujet des femmes.

Paul retrouva un autre ami à Egdon Heath, un garçon trapu, plein d'entrain, qui clopinait devant lui sur le chemin de la chapelle.

— Je resuis dans le merdier, souffla-t-il à Paul pendant les répons.

— Tu n'as pas trouvé le travail à ton goût là-bas ?

— Le fromage ! dit Grimes. Mais j'ai eu des histoires. Je t'expliquerai plus tard.

Ce matin-là, équipés de pioches, d'un téléphone de campagne et de deux gardiens armés et montés,

Paul et une petite escouade furent menés aux carrières. Grimes en était.

— Je suis là depuis une semaine, dit-il à la première occasion. Et je m'ennuie déjà. Trois ans, c'est trop, vieux, pour un type sociable comme moi. Mais t'en fais pas, la bringue que nous ferons quand nous sortirons, je ne te l'enverrai pas faire. J'y pense nuit et jour.

— Je suppose qu'ils t'ont eu pour bigamie ?

— Bien vu. J'aurais dû rester là-bas. Ils m'ont arrêté à la descente du bateau. Tu comprends, ma femme m'était tombée dessus à Rio. Des enfers, il y en a pour tous les goûts, mais celui que cette bonne femme est capable de fabriquer se situe au-delà de tout ce que tu peux imaginer. Alors j'ai pris mes cliques et les plaques que j'avais gagnées au jeu et j'ai filé.

Un gardien passait à proximité. Ils se séparèrent et se mirent à taper dans le grès de la falaise.

— D'ailleurs, j'ai eu des compensations, reprit Grimes quand le gardien fut passé. Tu aurais dû voir la tête que faisaient Flossie et mon ex-beau-père à la barre ! Le docteur a fermé boutique, tu le savais pas ? Et ce vieux Prendy, qu'est-ce qu'il est devenu ?

— Assassiné la semaine dernière.

— Pauvre vieux ! Il avait le bonheur rare, tu crois pas ? En tout cas, moi, l'enseignement c'est fini. Ça ne mène nulle part.

— En prison, semble-t-il.

— Drôle de coïncidence, en effet ! Merde, voilà le maton.

Bientôt ils furent reconduits à la maison de granit. À part le travail aux carrières, la vie à Egdon n'était pas très différente de celle de Blackstone. *Ordures dehors*, chapelle, cellule.

Au bout d'une semaine, cependant, Paul commença à remarquer une influence insolite, dont la première indication vint de l'aumônier.

— Voici vos livres de lecture, dit celui-ci un jour en faisant un saut dans la cellule de Paul et en lui tendant deux romans qui avaient encore leur bande et portaient le cachet d'une grande librairie de Piccadilly. « Si vous ne les aimez pas, j'en ai d'autres, comme vous voyez. » Et il lui montra avec un petit sourire fin la pile de livres qu'il tenait sous le bras. « Mais j'ai pensé que le nouveau Virginia Woolf vous plairait. Il est sorti cette semaine. »

— Merci, padre, dit Paul. La bibliothèque d'Egdon semblait avoir une politique et un budget autrement entreprenants que celle de Blackstone.

— Il y a encore ce livre-ci, sur l'histoire du décor au théâtre, dit l'aumônier en montrant à Paul un grand volume illustré qui avait dû coûter fort cher. « Allez, je vais faire une petite entorse au règlement et vous le laisser aussi. »

— Merci, padre, dit Paul.

— Prévenez-moi quand vous en voudrez d'autres. Et puis, n'oubliez pas que vous avez droit à une lettre. Si par hasard vous pensiez à écrire à Mrs. Beste-Chetwynde, n'omettez pas, je vous prie, de mentionner que la bibliothèque n'est pas mauvaise. Vous savez qu'elle a fait don à la chapelle d'une nouvelle chaire en albâtre sculpté, ajouta-t-il sans transition évidente avant de faire un autre saut jusqu'à la cellule de Grimes, à qui il laissa un vieil exemplaire du *Système D* de Smiles où il manquait les 108 dernières pages.

« On peut dire ce qu'on voudra des vieux volumes patinés, se dit Paul, mais le plaisir qu'on éprouve à ouvrir un livre neuf est incomparable. Pourquoi donc l'aumônier voulait-il que je parle de sa bibliothèque à Margot ? »

Au souper, Paul remarqua sans surprise des petits éclats de charbon dans son saindoux. Il fut franchement déconcerté, quand il essaya de les éliminer, en s'apercevant qu'ils n'avaient pas la dureté du charbon. La nourriture était souvent bizarre, et il valait mieux ne pas réclamer. Il examina sa graisse plus attentivement. Elle était rosâtre, ferme et collait au couteau. Il la goûta avec précaution. C'était du pâté de foie gras.

Dorénavant il ne se passa guère de jour sans que lui tombât quelque météorite mystérieuse de ce genre. Un soir il revint de la lande pour retrouver une cellule qui embaumait dans la pénombre. Quand son ampoule s'alluma, il vit sur sa tablette un bouquet de roses blanches qui en cette saison devaient coûter trois shillings pièce à Bond Street. Les détenus d'Egdon avaient le droit d'avoir des fleurs dans leur cellule mais risquaient gros s'ils se baissaient pour cueillir des pervenches ou des mourons sur la lande.

Une autre fois, le médecin de la prison, au cours de son inspection quotidienne, s'arrêta dans la cellule de Paul, le regarda attentivement et lui dit : « Vous avez besoin d'un remontant. » Il partit de son petit trot sans rien ajouter, mais le lendemain un immense flacon était déposé dans la cellule. « Vous devez en prendre deux verres à chaque repas, dit le gardien. J'espère que ce n'est pas trop mauvais. » Paul n'aurait su dire exactement si le ton était affable ou ironique ; mais le médicament n'était pas imbuvable : c'était du sherry.

Une autre fois, il y eut un fracas dans la cellule contiguë, celle d'un ancien cambrioleur qui s'indignait d'avoir reçu la ration de caviar de Paul par erreur. On l'apaisa au moyen d'un supplément de bacon froid, mais le gardien avait eu chaud, le détenu l'ayant menacé d'une réclamation au directeur : « Je ne suis pas un mec à faire des histoires, clamait le vieux rat d'hôtel, mais il y a des choses qui ne se font pas. J'avais même pas besoin de goûter pour savoir que c'était de la saloperie, et un jour de bacon encore ! » Plus tard, aux carrières, il se fit paternel : « T'es nouveau ici, petit, fais gaffe : s'ils te font le même coup, surtout n'y touche pas, tu te mettrais dans ton tort, mais garde-le et montre-le au directeur. Ils n'ont pas le droit, et ils le savent bien ! »

Une lettre arriva de Margot. Elle n'était pas longue :

Cher Paul,

C'est si difficile de vous écrire parce que, savez-vous, je n'ai jamais su écrire une lettre et c'est particulièrement difficile cette fois-ci parce que les policiers vont la lire et tout barrer si cela ne leur plaît pas et je n'arrive pas à penser à quelque chose qui puisse leur plaire. Peter et moi sommes de retour à King's Thursday. C'était merveilleux à Corfou, sauf un médecin anglais qui était assommant et venait tout le temps nous voir. Savez-vous que je n'aime plus beaucoup cette maison et que je suis en train de la faire refaire ? Vous voulez bien ? Saviez-vous que Peter était comte ? Il en est devenu adorable de gravité, qui l'aurait cru ? Je viendrai vous voir un de ces jours (vous voulez bien ?) quand je serai un peu libre, car la mort de Bobby Pastmaster me laisse avec beaucoup d'affaires sur les bras. J'espère que vous avez assez de nourriture, de livres, etc. ou bien est-ce qu'ils vont effacer cela ? Je vous aime, Margot.

J'ai été snobée par lady Salvage, mon cher, à Newmarket, un vrai coup de Jarnac. Le pauvre Maltravers me dit que si je ne fais pas attention on va me mettre au ban de la société. Vous ne trouvez pas que ce serait merveilleux ? Je me trompe peut-être, mais je crois bien que ce pauvre chou d'Alastair Trumpington est en train de tomber amoureux de moi. Que faire ?

Puis, un beau jour, Margot vint en personne.

C'était leur première rencontre depuis ce matin de juin où elle l'avait envoyé secourir ses protégées à Marseille. Elle eut lieu dans une petite pièce affectée à cet usage. Margot était assise à un bout de la table, Paul à l'autre, et au milieu il y avait un gardien, qui dit :

— Je dois vous demander de mettre vos mains sur la table.

— Patte blanche ! dit Margot avec un filet de voix.

Elle déposa ses gants et son sac sur la table et étala ses mains exquisément manucurées. Pour la première fois, Paul s'aperçut que les siennes étaient celles d'un rustre. Pendant un moment, ils ne purent dire un mot.

— J'ai une sale gueule ? dit enfin Paul. Je ne me suis pas regardé dans une glace depuis longtemps.

— Oh ! tu fais un peu pâtre grec, darling ! Ils ne te laissent jamais te raser ?

— Il est interdit de parler du régime de la prison, intervint le gardien. Les détenus ont le droit de décrire simplement leur état de santé, mais pas de se plaindre ou de faire des commentaires généraux sur leur situation.

— Mon Dieu, dit Margot, comme cela va être difficile ! Qu'allons-nous nous dire ? Je regrette presque d'être venue. Tu es content que je sois venue, dis, Paul ?

— Faites pas attention à moi si vous vous voulez vous causer intime, dit aimablement le gardien. Je ne suis ici que pour empêcher les complots. À part ça, tout ce que j'entends ne va pas plus loin, et j'en entends de belles, vous savez ! Il y a de ces femmes qui me font un de ces cinémas ! Elles pleurent, elles tombent dans les pommes, des vraies hystériques ! Il y a pas longtemps, il y en a une qui m'a fait une crise d'épilepsie, ajouta-t-il avec délectation.

— Il est plus que probable que je vais faire une crise, en effet, dit Margot. Paul, dis quelque chose, je t'en supplie.

— Comment va Alastair ?

— Il est plutôt adorable. Il est toujours à King's Thursday. Je l'aime bien.

Nouveau silence.

— Sais-tu, dit soudain Margot, qu'à mon âge j'ai l'impression de ne plus être considérée comme une honnête femme ? Je t'ai bien écrit que lady Salvage m'avait snobée ? Je sais, c'est une vieille chipie, mais elle n'est pas la seule. Tu ne trouves pas que c'est plutôt affreux ?

— Cela te fait quelque chose ? Tous ces gens sont assommants.

— Justement, ce sont *eux* qui me snobent, *moi* ! Mais tu as raison, cela ne me fait ni chaud ni froid, sauf pour Peter. Il y a aussi lady Vanburgh, Fanny Simpleforth, les Stayle, tu vois ça d'ici ? C'est malheureux que cela arrive juste au moment où Peter commence à être un peu conscient de son rang. Cela va lui gâter l'esprit, tu ne crois pas ?

— Comment vont les affaires ? dit Paul à brûle-pourpoint.

— Paul, ne sois pas méchant, dit Margot d'une voix mourante. Tu n'aurais pas dit cela si tu avais su ce que je ressens.

— Pardon, Margot ! J'ai dit ça comme ça, tu sais !

— Eh bien, je vends. Il y a une maison suisse qui nous rend la vie dure. Mais je ne crois pas que ces affaires aient rien à voir avec ma mise au ban, comme dit Maltravers. Je pense plutôt que c'est parce que je commence à vieillir.

— Je n'ai jamais rien entendu d'aussi ridicule. Ce sont eux qui ont quatre-vingts ans. Toi, tu ne vieillis pas.

— J'avais peur que tu ne comprennes pas, dit Margot, et il y eut un nouveau silence.

— Encore dix minutes, dit le gardien.

— Les choses ne se sont pas exactement passées comme nous l'avions espéré, n'est-ce pas, Paul ? dit Margot.

Ils parlèrent de quelques réceptions où Margot était allée, et des livres que Paul lisait. Enfin, Margot dit :

— Paul, je m'en vais. Je n'en peux plus.

— Merci d'être venue, dit Paul.

— Je viens de prendre une décision assez importante, dit Margot. Je vais épouser Maltravers. Très bientôt. Tant pis, c'est décidé.

— Est-ce parce que j'ai une sale gueule ?

— Non, c'est parce que… tout ! Un peu ce que tu dis, bien sûr, mais pas dans le sens où tu l'entends. C'est simplement une chose qui doit arriver. Comprends-tu un peu, mon chéri ? Cela pourra peut-être t'aider aussi, mais je ne veux pas que tu croies que c'est pour cela non plus. C'est comme ça, voilà tout. Mon Dieu, qu'il est difficile de dire quelque chose !

— Si vous voulez vous embrasser avant de vous séparer, dit le gardien, vu que vous n'êtes pas mariés ce n'est pas très régulier. Mais pour une fois je fermerai l'œil.

— Dieu ! dit Margot, et elle s'en alla sans se retourner.

Paul revint à sa cellule. Son souper était servi. Deux pigeons en croûte, enveloppés dans une serviette de table. Mais il n'avait pas faim. Il avait beaucoup de chagrin d'avoir si peu de chagrin.

5. La disparition d'un public school man

Le lendemain ou surlendemain, Paul se retrouva à côté de Grimes aux carrières. Quand le gardien se fut un peu éloigné, Grimes dit :

— Vieux, je ne peux plus supporter cette vie.

— Je ne vois pas de solution, dit Paul. Et d'ailleurs, c'est tout à fait supportable. J'aime mieux être ici qu'à Llanabba.

— Pas Grimes, dit Grimes. Comme l'alouette, il languit en captivité. Pour toi, ça va : tu aimes lire, réfléchir et tout ça. Moi, c'est différent : j'aime boire, m'amuser, causer avec les amis. Je suis sociable, moi ! Je deviens fou ! Cet aumônier qui n'arrête pas de s'amener la bouche en cœur et de me demander « si je suis bien avec Dieu » ! Je ne lui envoie pas dire ce que j'en pense ! Je suis arrivé à supporter presque tout dans la vie, vieux, mais pas la répression. C'est la répression de Fagan qui m'a fait calter de Llanabba, et c'est la répression qui va me faire filer d'ici, sinon je crève.

— Personne ne s'est jamais évadé de cette prison, dit Paul.

— Tu verras au prochain brouillard.

Comme par hasard, il y eut du brouillard le lendemain, une purée de pois qui se leva soudain comme les hommes étaient à piocher et enveloppa tout comme dans de l'ouate.

— Rassemblement immédiat ! ordonna le gardien.

— Arrêtez le travail et rassemblez-vous ici. Fais donc attention, abruti !

Grimes avait trébuché dans les fils du téléphone de campagne.

— Si tu l'as cassé, tu n'y coupes pas du directeur demain matin.

— Tiens ce cheval, dit le second gardien à Grimes en lui tendant les rênes.

Le gardien se baissa pour ramasser les chaînes. Le cheval se cabrait et ruait en s'éloignant de l'équipe.

— Tu ne sais même pas tenir un cheval ! cria le gardien.

Soudain, avec une assiette remarquable pour un unijambiste, Grimes apparut en selle. L'instant d'après, la brume s'était refermée sur lui.

— Reviens, ho, ou je tire ! hurla le gardien.

Il épaula et tira dans le brouillard.

— Sûr qu'on le reverra bientôt ! Personne ne reste jamais longtemps dehors. Il tâtera de la haute sécurité et du régime alimentaire N° 1, voilà tout ! Pauvre con !

Personne n'avait l'air autrement retourné par l'incident, même quand on eut constaté que les fils étaient coupés.

— Je vous dis qu'il n'ira pas loin, dit le gardien. Ce n'est pas le premier, pensez ! Ils lâchent leur outil et ils détalent. Mais où voulez-vous qu'ils aillent dans cette tenue et sans fric ? Tout à l'heure on va affranchir toutes les fermes. Il y en a qui tiennent plusieurs jours mais la faim les fait toujours revenir au bercail, quand ils n'ont pas été arrêtés dans un village. C'est toujours un coup de tête. Les nerfs qui lâchent, quoi !

Le cheval rentra pendant la soirée, mais sans Grimes. Des patrouilles partirent, avec des limiers. Les villages et les fermes isolées étaient en transes. Tous les gosses étaient consignés et toutes les portes barricadées. On avait mis des barrages sur les routes et toutes les voitures étaient fouillées, à la grande indignation des honnêtes gens. Mais Grimes ne revenait toujours pas. Les paris allaient bon train. On lui donnait quatre jours maximum. Les pessimistes perdirent leur ration de pain.

Une semaine après l'évasion, à l'office du matin, l'aumônier dit une prière pour le repos de son âme. Le directeur biffa son nom sur le registre d'écrou. Ensuite il avisa officiellement le ministre de l'Intérieur, le Très Honorable Sir Humphrey Maltravers, de la mort de Grimes.

— Une mort affreuse, dit l'aumônier à Paul.

— On a retrouvé le corps ?

— Non, et c'est cela le plus terrible. Les chiens ont suivi sa trace jusqu'aux marais d'Egdon. Là, plus rien. Un berger qui connaît bien les marais a retrouvé son calot flottant à l'endroit le plus dangereux. Il ne peut y avoir le moindre doute : il est mort d'une mort affreuse.

— Pauvre vieux Grimes ! soupira Paul. Et dire que c'était un ancien élève de Harrow !

Mais plus tard, tout en dégustant ses huîtres, Paul acquit l'intime conviction que Grimes n'était pas mort. Le petit lord Coney était mort, Mr. Prendergast était mort, un jour viendrait où Paul Pennyfeather serait mort. Mais Grimes était immortel ; c'était une force de la nature : condamnée à mort en Flandre, elle était revenue à la vie en Irlande ; noyée au Pays de Galles, elle avait refait surface en Amérique du Sud ; engloutie dans les marais d'Egdon, elle reparaîtrait un jour quelque part, secouant de ses membres les téguments moisis de la tombe. Grimes avait sûrement suivi jadis le cortège de Bacchus dans les vertes vallées de l'Arcadie, soufflé dans le pipeau des anciens mythes au bord des ruisseaux oubliés, appris l'art d'aimer aux petits satyres. N'avait-il pas bravé la malédiction de dieux innombrables, le feu, le soufre, la peste. les abîmes béants de la terre en tremblement ? N'avait-il pas assisté, comme la Sentinelle de Pompéi, à la ruine des Citadelles de la Plaine ? N'avait-il pas, enduit de graisse comme les nageurs de la Manche, affronté les flots du Déluge et vécu dans la solitude quand les ténèbres avaient recouvert les eaux ?

— Il m'arrive de me demander, disait tristement l'aumônier, si je suis entièrement innocent dans cette affaire. C'est terrible de penser qu'une de mes brebis ait pu connaître une si horrible fin. J'avais bien essayé de le consoler et de le réconcilier avec la vie de prison, mais il y a tant d'hommes à voir ! Le pauvre homme, je le vois encore, seul dans les marécages, sans personne pour l'assister !

6. La disparition de Paul Pennyfeather

Quelques jours plus tard, Paul fut convoqué par le directeur.

— J'ai ici ordre de M. le ministre de l'Intérieur de vous envoyer dans une clinique privée pour y être opéré de l'appendicite. Vous partez ce matin, sous escorte, en civil.

— *Sir*, je n'ai pas l'appendicite, pour la bonne raison que je n'ai plus d'appendice depuis longtemps.

— Vous m'embêtez, dit le directeur. Le ministre ordonne que ce soit fait. Gardien, emmenez cet homme et donnez-lui ses vêtements pour le voyage.

Le gardien emmena Paul. Les vêtements dans lesquels il avait assisté à son procès l'avaient suivi jusqu'à Egdon Heath. Le magasinier les retira d'un casier, les déplia et les remit à Paul. « Chaussures, chaussettes, caleçon, gilet de corps, pantalon, gilet, veston, chemise, col, cravate. Signez ici. Les bijoux restent. » Ce disant, il recueillit la montre, les boutons de manchettes, l'épingle de cravate, le portefeuille et autres broutilles qui se trouvaient dans les poches et les rangea dans le casier. « Nous ne pouvons rien faire pour vos cheveux, dit le gardien, mais vous avez le droit de vous raser. »

Une demi-heure plus tard, quand Paul sortit de sa cellule, il avait l'aspect d'un homme quelconque, tel qu'on en voit dans n'importe quel métro.

— Ça te fait drôle ? lui dit le gardien. Voici ton escorte.

Un autre homme quelconque se présenta.

— Temps de partir si vous êtes prêt, dit-il.

Sans leurs uniformes respectifs, il était normal qu'ils se traitent avec une considération normale. Paul crut même sentir une note de déférence dans l'attitude de son guide.

— C'est bizarre, dit-il dans la camionnette qui les transportait à la gare, on ne peut pas discuter avec le directeur ; mais vous savez, il y a erreur, j'ai déjà été opéré de l'appendicite.

— Je le sais, dit l'homme en lui faisant un clin d'œil. Mais n'allez pas le crier sur les toits. Le chauffeur n'est pas dans le coup.

Un compartiment de première leur avait été réservé dans le train. Comme celui-ci quittait la gare d'Egdon, le gardien dit à Paul : « Regardez bien, vous ne reviendrez pas ici de sitôt. Partir, c'est mourir un peu, pas vrai ? » Et il lui fit encore un clin d'œil.

Ils déjeunèrent dans le compartiment. C'était heureux, car Paul était encore trop chatouilleux sur son crâne rasé pour se présenter nu-tête dans le wagon-restaurant. Après le déjeuner, ils fumèrent des cigares. Le gardien paya avec un portefeuille bien garni. « Tenez, avant que j'oublie, dit-il. Voici votre testament à signer, au cas où il arriverait quelque chose. » Il tendit une grande feuille bleue à Paul. *Dernières volontés et testament de Paul Pennyfeather*, lut-il en belles lettres calligraphiées. Dans le texte, il était dit, avec les circonlocutions habituelles, qu'il léguait tous ses biens à Mrs. Beste-Chetwynde. Deux témoins avaient déjà signé à l'endroit prescrit.

— Dites donc, c'est très irrégulier, tout ça, non ? dit Paul en signant. Vous ne voulez pas m'expliquer ce qui se passe ?

— Je ne sais rien, dit le gardien. C'est le jeune gentleman qui m'a donné ça.

— Quel jeune gentleman ?

— Comment voulez-vous que je sache ? Le jeune gentleman qui a tout arrangé, quoi ! Rien de plus raisonnable que de faire un testament. Avec une opération, on ne sait jamais ce qui peut arriver. J'ai une tante qui est morte pendant qu'on lui enlevait des cailloux, et elle n'avait pas fait de testament. Vous ne pouvez pas imaginer les ennuis qu'on a eus, vu qu'elle n'était pas mariée comme il faut. Et à la voir, elle se portait comme un charme. Ne vous faites pas de soucis, Mr. Pennyfeather, tout sera fait strictement d'après le Règlement.

— Où allons-nous ? Vous devez au moins savoir ça.

Pour toute réponse, le gardien sortit une carte imprimée et la tendit à Paul, qui put lire :

Cliff Place, Worthing. Clinique et Sanatorium privés de Premier Ordre. Traitement thermal électrique sous contrôle médical. Docteur Augustus Fagan, Propriétaire.

— Agréé par le ministère de l'Intérieur, dit le gardien. Pas de problème.

Ils arrivèrent en fin d'après-midi. Une voiture les attendait pour les conduire à Cliff Place.

— Je vais bientôt vous quitter, dit le gardien. Vous êtes maintenant sous la responsabilité du Dr. Fagan.

Comme dans toutes ses entreprises, Fagan avait vu grand. Cliff Place se dressait au bord de la falaise, à l'extrémité d'une longue avenue privée. De près, cependant, l'édifice était moins imposant que de la grille d'entrée. La véranda était encombrée de feuilles mortes. Deux carreaux étaient cassés dans la façade. Quand le gardien eut tiré la sonnette, ce fut Dingy qui vint ouvrir. Elle était en tenue d'infirmière.

— Les domestiques sont partis, dit-elle. Je suppose que vous êtes l'appendicite. Entrez.

Sans donner le moindre signe d'avoir reconnu Paul, elle le fit monter au premier étage. « Voici votre chambre. Le Règlement du ministère de l'Intérieur exige qu'elle ne soit pas de plain-pied et qu'elle soit pourvue de barreaux. Je viens de les faire mettre. Ils seront sur la note. Le chirurgien sera ici dans quelques minutes. »

Elle referma la porte à clé sur elle. Paul s'assit sur le lit et attendit. Sous sa fenêtre, la mer fouettait les galets. Un petit yacht à vapeur était ancré à quelques encablures. Il y avait du brouillard.

Des pas s'approchèrent et la porte s'ouvrit. Entrèrent le Dr. Fagan, Sir Alastair Digby-Vane-Trumpington et un petit vieillard titubant à moustache de phoque.

— Je m'excuse de notre retard, dit Alastair, mais j'ai eu beaucoup de mal avec ce type. Il m'a échappé juste comme nous montions dans le train. J'avais d'abord pensé qu'il ne pourrait pas se déplacer. Mais je crois qu'il est maintenant à peu près en état de travailler. Vous avez les papiers ?

Personne ne semblait avoir remarqué la présence de Paul.

— Les voici, dit le Dr. Fagan. La déclaration à envoyer au ministère, avec copie pour le directeur de la prison. Voulez-vous que je vous les lise ?

— Inutile, dit le chirurgien.

— Ils disent simplement que vous avez opéré le malade de l'appendicite et qu'il est mort sous anesthésie sans avoir repris connaissance.

— Pauvre petite ! dit le chirurgien, et deux grosses larmes se formèrent dans le coin de ses yeux. Ce monde n'a pas voulu d'elle. Ce monde est dur pour les femmes.

— Ce n'est pas votre faute, vous avez fait l'impossible, mon pauvre ami, dit Alastair.

— Ça c'est vrai, je le jure !

— Voici le permis d'inhumer. Veuillez signer.

— *Ô Mort, où est ta griffe ?* dit le chirurgien rasséréné ; et d'une plume incertaine il termina la vie légale de Paul Pennyfeather.

— Parfait ! dit Alastair. Voici votre argent. À votre place, j'irais vite boire un verre avant que ça ferme.

— J'y pensais, dit le praticien.

Quand il fut parti, le silence régna un instant dans la pièce. La présence de la mort, même sous sa forme la plus impersonnelle et juridique, était solennelle. Mais elle se dissipa comme par enchantement à l'entrée de Flossie, parée de ses plus beaux atours vert et magenta.

— Ah, vous voilà tous ? dit-elle avec un air réjoui. Et Mr. Pennyfeather aussi, si je ne me trompe !

— Vous vous trompez, dit Alastair, mais ce n'est pas grave. Allons maintenant souper.

— C'est cela, allons souper, dit le Dr. Fagan galvanisé par ce mot. Nous avons tous des grâces à rendre à Dieu.

À la fin du souper, le Dr. Fagan prononça une petite allocution. « En ce jour faste entre tous pour quelques-uns d'entre nous, et particulièrement pour mon cher ami et ancien collègue Paul Pennyfeather – que Dieu ait son âme ! – il me plaît de penser que nous sommes tous un peu les instruments de sa mort. Mais pour moi comme pour lui, ce jour annonce l'aube d'une vie nouvelle, car jusqu'ici, franchement, cette clinique n'a pas été une réussite. Certes, l'heure sonne toujours où un homme doit commencer à songer à la retraite, et vous seriez en droit de penser que cette heure a sonné pour moi. Eh bien, mes amis, non, je me sens trop jeune encore pour refuser de suivre la voie qui s'ouvre devant moi grâce aux événements de cette journée. Le moment n'est pas venu, mes chères filles, de vous détailler tous les plans qui sont en gestation dans ma tête ; mais quand vous aurez mon âge, si vous avez été tant soit peu attentives aux gens que vous avez trouvés sur votre route et aux événements qu'ils ont suscités autour de vous, vous ne manquerez pas d'être frappées par la merveilleuse ténacité du fil qui les a reliés dans l'apparent désordre de leur foisonnement. Quels chers et durables souvenirs nous unissent tous ici ! Je vous propose un toast : À la Dame la plus calomniée qui soit, la Fortune ! »

Une fois déjà, Paul avait levé son verre en l'honneur de la même Dame. Cette fois-ci, aucune calamité ne s'ensuivit. Ils burent en silence, puis Alastair se leva de table.

— Paul, dit-il, il est temps de partir.

Ils descendirent à la plage. Un canot attendait.

— C'est le yacht de Margot, là-bas, dit Alastair. Il t'emmène à Corfou. Bonne chance. Adieu.

— Tu ne viens pas ?

— Non, je retourne à King's Thursday. Margot doit être impatiente de savoir comment les choses se sont passées.

Paul monta dans le canot et le marin se mit à souquer. Sir Alastair, comme Sir Bedivere, le regarda disparaître.

7. Résurrection

Trois semaines plus tard, Paul, allongé le verre à la main sous la véranda de la villa de Corfou, regardait la mer et les collines albanaises passer du vert au violet sous le soleil couchant, comme dans une carte postale allemande. Il regarda sa montre qui venait d'arriver d'Angleterre. Il était six heures et demie.

À ses pieds dans la rade, un cargo venu de Grèce déchargeait. Les petits bateaux tournaient autour de lui comme des mouches, offrant leur pacotille de souvenirs en bois d'olivier et de faux francs français. Il avait encore deux heures à tuer avant le dîner. Il se leva et descendit sous les arcades jusqu'à la place, emmitouflé dans son cache-nez. C'était drôle d'être mort. Ce matin-là il avait reçu de Margot un paquet de coupures de presse plus ou moins toutes titrées *Écho d'un mariage mouvementé* ou *Mort du fiancé play-boy devenu forçat*, son épingle de cravate et le reste de ses affaires qu'elle avait reçus en héritage d'Egdon. Il avait besoin de l'animation des quais et des cafés pour se convaincre qu'il existait. Il s'arrêta à une échoppe et acheta des lokoums. Oui, c'était vraiment drôle d'être mort.

Soudain, il distingua une silhouette familière qui traversait la place.

— Hello ! dit Paul.

— Hello ! dit Otto Silenus.

Il portait à l'épaule une espèce de gibecière informe que lorgnaient les gamins.

— Pourquoi ne la leur donnez-vous pas à porter ? dit Paul.

— Je n'ai pas d'argent.

Paul fit sauter quelques drachmes. Quand le vainqueur eut pris le sac :

— Vous êtes sans doute à la villa avec Margot, dit Otto.

— Je suis à la villa. Margot est en Angleterre.

— Dommage. J'espérais la trouver ici. Il y a de la place pour moi ?

— Certainement. Je suis seul.

— J'ai changé d'avis. Je crois que je vais l'épouser, après tout.

— Vous arrivez trop tard.

— Comment cela ?

— Elle a épousé quelqu'un d'autre.

— Je n'avais pas pensé à pareille contingence. Mais ce n'est pas grave. Qui a-t-elle épousé ? Cet excellent Maltravers ?

— Il n'est plus Maltravers, mais le vicomte Metroland.

— Quel drôle de nom !

Ils remontèrent le coteau.

— Je reviens de Grèce où j'étais allé voir les nouvelles constructions.

— Elles vous ont plu ?

— Elles sont d'une laideur incomparable. Mais les chèvres sont belles. J'ai appris qu'on vous avait mis en prison ?

— Oui, mais j'en suis sorti.

— Vous n'étiez pas bien en prison ?

— Pas tellement.

— C'est bizarre, j'aurais cru que vous y seriez très bien. On ne peut jamais dire ce qui va aux gens.

Les domestiques ne témoignèrent aucune surprise de l'arrivée d'un nouvel hôte.

— Je crois que je vais rester longtemps, dit le professeur Silenus après le dîner. Je n'ai plus d'argent. Vous partez bientôt ?

— Oui, je retourne à Oxford reprendre mes études de théologie.

— Bonne idée. Vous n'aviez pas de moustache avant ?

— Non, je la laisse pousser pour que les gens ne me reconnaissent pas en Angleterre.

— Vous êtes plutôt laid avec, dit le professeur. Mais il faut que j'aille me coucher.

— Vous dormez mieux ces temps-ci ?

— Deux fois depuis notre dernière rencontre. C'est une bonne moyenne. Bonsoir.

Dix minutes plus tard, il revenait sur la terrasse en pyjama de soie et vieux peignoir de toile.

— Pouvez-vous me prêter une lime à ongles ?

— Sur ma coiffeuse.

— Merci.

Mais au lieu de s'en aller, il se pencha sur le parapet et se mit à contempler la mer.

— Vous avez de la chance d'être un clergyman, dit-il enfin. Les gens se font des idées sur une chose qu'ils appellent la vie. Ils se montent le bourrichon. C'est la faute aux poètes. Voulez-vous que je vous parle de la vie ?

— Je vous en prie, dit poliment Paul.

— La vie, c'est comme la Grande Roue à Luna Park. Vous l'avez déjà vue ?

— Je regrette.

— Pour cinq francs vous entrez dans une pièce avec des banquettes tout autour. Au milieu de la pièce il y a un grand disque en bois poli qui se met à tourner de plus en plus vite, avec des gens dessus. Pour commencer, vous vous asseyez sur les banquettes et vous regardez ces gens. Ils essayent tous de rester sur la roue, mais elle finit par les envoyer tous promener. Cela les fait rire, et vous aussi. On s'amuse follement.

— Je ne vois pas très bien le rapport avec la vie.

— Oh que si ! Plus vous êtes près du centre de la roue et moins vous tournez vite mais c'est plus facile d'y rester. Il y a souvent quelqu'un au centre de la roue qui se lève et se met à danser quand tout le monde est parti. Il est payé par la direction et il a ses entrées gratuites. Vous comprenez, le centre ne bouge pas et c'est la bonne place. Je n'en suis pas loin. Mais il y a tous ces gens qui s'amusent de se faire foutre en l'air et qui reviennent toujours en prendre. Comme ils aiment rire et crier ! Et puis, il y a ceux comme Margot qui s'assoient confortablement sur les banquettes et n'en bougent plus : pour ceux-là, la roue c'est du cinéma. Très drôle, et ils ont raison en un sens, car ils savent que vous n'êtes pas obligé de monter. Les autres croient qu'il faut y aller, même si ça les rase. Ils ne se rendent pas compte que lorsqu'ils parlent de la « vie » ils veulent dire deux choses très différentes. Cela peut simplement vouloir dire l'existence, avec sa physiologie, ses changements, sa croissance et sa déchéance. À cela on n'échappe pas, même par la mort. Mais parce que la mort est inévitable, ils pensent que l'autre idée de la vie l'est aussi : gueuler, jouer des coudes, donner des horions pour arriver au milieu, et pour quoi, je vous demande ? pour aller valdinguer dans les décors. C'est comme si on n'était jamais monté. Comme c'est drôle !

« Vous, vous êtes manifestement un type fait pour rester sur les banquettes à regarder les autres quand vous commencez à vous ennuyer. Vous êtes monté malgré vous et vous avez été éjecté avec des contusions. Vous n'avez pas les ressources de Margot qui reste inamovible sur la touche, ni les miennes qui suis au centre. Vous bougez tout le temps, mais en réalité vous êtes statique. Moi je ne bouge jamais mais je suis dynamique. Là et non entre les sexes est la véritable polarité humaine. Ne me demandez pas d'où elle vient. Je dirais tout simplement que nous appartenons à deux espèces spirituelles différentes. J'ai utilisé cette idée dans un film, autrefois. Qu'est-ce que j'étais venu vous demander ?

— Une lime à ongles, je crois.

— C'est vrai ! Je ne connais rien de plus futile et assommant que les généralisations sur la vie. Vous avez saisi un peu de ce que j'ai dit ?

— Un peu, je crois.

— Je crois que je prendrai mes repas seul à partir de demain. Voulez-vous prévenir les domestiques ? Cela me rend malade de parler. Bonsoir.

— Bonsoir, dit Paul.

Quelques mois plus tard, Paul retourna à Scone College après une absence d'un peu plus d'un an. Sa mort, tout en le privant de ses certificats, lui avait laissé ses connaissances. Ayant passé sans difficulté les examens d'entrée, il retrouva les vieux murs, sa toge d'étudiant ; mais il portait maintenant une grosse moustache d'officier de cavalerie. Avec sa timidité naturelle, cette parure suffit à assurer son déguisement :

personne ne le reconnut. Après avoir longtemps travaillé la question, il avait décidé de garder son nom. Il expliqua à l'aumônier qu'il croyait bien, en effet, qu'un vague sien cousin avait été à Scone.

— Il a fait une triste fin, dit l'aumônier. C'était un garçon singulièrement fougueux et indiscipliné.

Paul s'empressa d'ajouter :

— Vous savez, ce cousin était très, très éloigné.

— Je n'en doute pas, car vous ne lui ressemblez pas du tout. Il était parfaitement dégénéré, si je puis me permettre de le dire.

Le garçon de chambre se rappelait également le nom.

— Il y avait un autre Mr. Pennyfeather à cet étage autrefois, *sir*, dit-il ; un gentleman tout à fait bizarre et même un peu braque. Vous ne me croiriez pas, *sir*, mais il lui arrivait de se mettre complètement à poil et d'aller danser dans la cour la nuit. D'ailleurs très gentil et tranquille. Probable qu'il lui manquait une case. Je ne sais trop ce qu'il est devenu. On raconte qu'il est mort en prison.

Puis il entreprit de raconter l'histoire d'un étudiant birman qui avait tenté d'acheter une des filles du directeur des Études.

Le second dimanche, l'aumônier invita Paul au petit déjeuner.

— C'est triste, mais le *breakfast* universitaire – le bon vieux *brekker* de ma jeunesse – est incontestablement en voie de disparition. Les gens n'ont plus le temps, que voulez-vous, avec les cours à neuf heures, sauf le dimanche. Encore un peu de rognons ?

Il y avait un autre professeur à la même table, un Mr. Sniggs qui donnait du *padre* à l'aumônier en le prenant d'un peu trop haut, pensa Paul.

Il y avait aussi un étudiant en théologie d'un autre collège qui s'appelait Stubbs, jeune homme sérieux, à la voix et aux opinions soigneusement mesurées. Il tomba dans une petite discussion avec Mr. Sniggs sur les plans de la nouvelle bibliothèque bodléienne. Paul le soutint.

Le lendemain, Paul trouva sur son bureau la carte cornée de Stubbs. Il se rendit à Hertford Collège, mais Stubbs était sorti. Il laissa sa carte cornée. Deux jours plus tard, une petite note lui parvint de Hertford.

Cher Pennyfeather,

Voulez-vous venir prendre le thé mardi prochain et rencontrer le secrétaire de notre branche de l'Association des Amis de la Société des Nations ainsi que l'aumônier de la prison d'Oxford ? J'en serais très heureux.

Paul se rendit à l'invitation et dégusta des petits pains au miel et des anchois sur canapé. Le collège, laid et discret, lui plut, ainsi que Stubbs.

Au cours du trimestre, Paul et Stubbs prirent un peu l'habitude de se promener ensemble, traversant la *Mésopotamie* pour pousser jusqu'à Old Marston et Beckley. Un après-midi, enivré de la fraîcheur de l'air, de leur longue randonnée à travers champs et de l'excellence du thé, Stubbs signa *Randall Cantuar*[1] dans le livre des visiteurs de Scone Collège.

Paul devint membre de l'Association des Amis de la Société des Nations et de l'Union des Étudiants chrétiens d'Oxford. Une autre fois, Stubbs et lui allèrent avec quelques autres visiter les criminels à la prison d'Oxford et leur chanter des cantiques à plusieurs voix.

— Cela ouvre l'esprit, dit Stubbs, de voir la vie sous tous ses aspects : comme ces malheureux ont apprécié nos chants !

Un autre jour, à la Librairie Blackwell, Paul tomba sur un gros volume que le vendeur lui signala comme en passe de devenir un *best-seller*. C'était *Notre Mère Galles*, par A. Fagan. Paul l'acheta et l'emporta dans sa chambre. Stubbs l'avait déjà lu.

— Très instructif, dit-il. Les statistiques de santé sont effrayantes. Vous ne croyez pas qu'un débat commun là-dessus avec Jesus College serait une bonne idée ?

Le livre était dédié *à ma femme, en cadeau de mariage*. Il était très fort. Quand il eut fini de le lire, Paul

1. Signature de l'archevêque de Canterbury.

le plaça dans sa bibliothèque, à côté de *l'Église orientale* du doyen Stanley.

Un autre incident vint brièvement lui rappeler sa vie passée.

Au début de sa seconde année, comme il pédalait entre deux cours avec Stubbs dans High Street, ils faillirent se faire renverser par une Rolls-Royce décapotable qui débouchait d'Oriel Street. Sur le siège arrière, les jambes couvertes d'une épaisse fourrure, Philbrick fumait un cigare. Il se retourna et fit à Paul un signe de la main.

— Hello ! dit-il, hello, comment allez-vous ? Venez donc me voir. J'habite sur la rivière, au Skindle's.

La voiture virait et disparut dans High Street.

— Quel est cet opulent ami ? demanda Stubbs, assez impressionné.

— Arnold Bennett, dit Paul.

— Je croyais bien l'avoir reconnu, dit Stubbs.

Le conférencier parut, disposa ses papiers et entama un exposé lumineux sur les hérésies du IIe siècle. Paul apprit qu'il y avait eu un évêque de Bithynie qui niait la divinité du Christ, l'immortalité de l'âme, l'existence du bien, la légitimité du mariage et la validité de l'Extrême-Onction.

Comme ils avaient eu raison de le condamner !

Épilogue

C'était la troisième année de la tranquille existence de Paul à Scone.

Stubbs finit son cacao, secoua la cendre de sa pipe et se leva pour partir.

— Il faut que je rentre, dit-il. Tu as de la chance de loger dans ton collège. C'est loin, Walton Street, un soir comme celui-ci.

— Tu veux prendre le von Hugel ? demanda Paul.

— Non, pas ce soir.

Il ramassa sa toge et l'enroula autour de son épaule.

— Intéressant, l'exposé de ce soir sur les plébiscites polonais, n'est-ce pas ?

— Oui, dit Paul.

Dans le couloir, on entendait un mélange confus de vociférations et de bris de verre.

— Les Bollinger ont l'air de s'amuser, dit Paul. C'est chez qui ?

— Chez Pastmaster, je crois. Ce jeune homme s'émancipe un peu trop pour un bizuth, tu ne trouves pas ?

— Peut-être ! Mais qu'importe, s'il est heureux ? Bonne nuit.

— Bonne nuit, Paul, dit Stubbs.

Paul remit les biscuits au chocolat dans le placard, bourra sa pipe et se cala dans son fauteuil. Des pas se firent entendre dans le couloir et on frappa à sa porte.

— Entrez, dit-il.

Peter Pastmaster entra. Il portait l'habit blanc et vert bouteille du Bollinger Club. Il avait le visage rouge et les cheveux un peu en désordre.

— Puis-je entrer ?

— Je t'en prie.

— Tu as quelque chose à boire ?

— Tu ne crois pas que tu as assez bu ce soir ?

— Si, bien sûr, avec le Bollinger chez moi ! Tu n'as pas à boire ?

— Il y a du whisky dans le placard. Ce n'est pas seulement ce soir, Peter.

Peter se servit sans répondre.

— Je ne me sens pas très bien, dit-il.

Après un silence :

— Paul, pourquoi m'évites-tu depuis que je suis au collège ?

— Je ne sais pas trop, Peter. Sans doute ai-je pensé que ni toi ni moi n'avions plus intérêt à nous connaître.

— Tu n'es pas fâché, tout de même ?

— Pourquoi le serais-je ?

— Oh, je ne sais pas !

Peter tournait et retournait son verre dans sa main, son regard fixé sur le liquide doré.

— C'est moi qui serais plutôt fâché avec toi, dit-il.

— Et pourquoi ?

— Je ne sais pas : pour Margot avec ce Maltravers, par exemple.

— Ce n'est pas ma faute.

— Je sais bien…

— Comment va-t-elle ?

— Ça va. *Margot Metroland !* Tu veux bien que je reprenne du whisky ?

— J'aimerais mieux pas.

— Vicomtesse Metroland. Quel nom ! Quel homme ! Heureusement qu'elle a Alastair. Metro le lui passe. Il a ce qu'il voulait. Je ne les vois pas souvent, tu sais. Qu'est-ce que tu fais tout le temps, Paul ?

— Je vais bientôt entrer dans les ordres.

— Je ne me sens vraiment pas bien, Paul. Que disais-tu ? Ah, oui, Metroland. Tu sais, Paul, il y a eu maldonne, je crois. Tu n'aurais jamais dû t'embringuer avec nous. Tu es trop différent, d'une manière que je ne vois pas très bien, d'ailleurs. Je ne dis pas ça pour te casser les pieds, Paul.

— Je comprends très bien. Tu es dynamique et je suis statique.

— C'est ça, tu crois ? Je suppose que tu as raison. Tu m'enseignais déjà des drôles de trucs à Llanabba, tu te rappelles ? *Quin* et *Quominus*, et puis l'orgue, tu te rappelles ?

— Oui, je me rappelle, dit Paul.

— C'est drôle ce qui arrive. Tu m'enseignais l'orgue, tu te rappelles ?

— Oui, je me rappelle.

— Et Margot Metro voulait t'épouser. Tu te rappelles ?

— Oui, Peter.

— Et puis tu es allé en prison, et Alastair – c'est le jeune type de Margot Metroland – et lord Metroland – c'est son mari – t'ont fait sortir. T' rappelles ?

— Oui, je me rappelle.

— Et nous on parle. C'est plutôt drôle, t'trouves pas ?

— Oui, plutôt.

— Paul, tu t' rappelles une chose que tu as dite au Ritz ? Alastair était là (c'est le type de Margot, tu sais). J'étais un peu beurré ce jour-là. Tu as dit : « À la Dame la plus calomniée qui soit, la Fortune. » T' rappelles ça ?

— Oui.

— Bravo, Paul, je m'en doutais. Buvons à ça. Quoi déjà ? Merde. J' m' rappelle plus. Tant pis, je me sens pas bien.

— Tu bois trop.

— Merde, qu'est-ce que tu veux que j'y fasse ? Tu vas être clergyman, Paul ?

— Oui.

— Ça, c'est la meilleure. Tu sais, tu n'aurais jamais dû t'embringuer avec moi et Metroland. Je peux encore avoir un verre ?

— Va te coucher.

— Tu as raison. Tu m'en veux pas d'être venu te voir ? Rappelle-toi, fut une époque où tu m'enseignais l'orgue. T' rappelles ? Merci pour le whisky.

Peter se retira et Paul se replongea dans sa lecture. Les ascètes ébionites se tournaient vers Jérusalem pour prier. Paul en prit note. Bien fait pour eux s'ils étaient persécutés. Il se leva, ferma la lumière et alla se coucher.

Pavillons poche

Titres parus

Peter Ackroyd
Un puritain au paradis

Woody Allen
Destins tordus

Margaret Atwood
La Servante écarlate

Nicholson Baker
À servir chambré

Mikhaïl Boulgakov
Le Roman théâtral

Vitaliano Brancati
Le Bel Antonio

E. L. Doctorow
Ragtime

F. Scott Fitzgerald
Un diamant gros comme le Ritz

Graham Greene
Les Comédiens

Kent Haruf
Colorado Blues

Pa Kin
Le Jardin du repos

Dacia Maraini
La Vie silencieuse de Marianna Ucrìa

Saki
Le Cheval impossible
L'insupportable Bassington

Evelyn Waugh
Retour à Brideshead
Grandeur et décadence

Tennessee Williams
Le Boxeur manchot
Sucre d'orge

Richard Yates
La Fenêtre panoramique

Titres à paraître

Jerry Hopkins et Danny Sugarman
Personne ne sortira d'ici vivant

Vitezslav Nezval
Valérie ou la semaine des merveilles

Joseph O'Connor
À l'irlandaise

Composé par Nord Compo
à Villeneuve-d'Ascq

Cet ouvrage a été imprimé par

FIRMIN DIDOT

GROUPE CPI

Mesnil-sur-l'Estrée

pour le compte des Éditions Robert Laffont
24, avenue Marceau, 75008 Paris
en octobre 2006

Imprimé en France
Dépôt légal : octobre 2006
N° d'édition : 47291/01 – N° d'impression : 81547